河出文庫

砂の果実
80年代歌謡曲黄金時代疾走の日々

売野雅勇

河出書房新社

砂の果実

80年代歌謡曲黄金時代疾走の日々

CONTENTS

砂の果実

80年代歌謡曲黄金時代疾走の日々

第一章

リトル・トウキョウ

フリーの
コピーライターだった
ぼくは、
一度も歌詞なんて
書いたことがなかった。

高橋幸宏
目黒育郎
沢田研二
鈴木幹治
河合夕子
アン・ルイス
ブルース・オズボーン

一九八〇年の夏が終わるころ、ＥＰＩＣ・ソニーの制作ディレクター、目黒育郎さんから電話をもらい、「作詞をしてみませんか?」と、突然、丁寧な口調で言われた。フリーランスのコピーライターだったぼくは、広告の仕事の依頼を受けるのと同じように、「はい、やらせていただきます」と、ほとんど何も考えずに気軽に答えたが、それがすべての始まりだった。

ぼくは、歌詞などそれまでに一篇も書いたことがなかった。

なぜ、目黒さんが音楽の制作の現場に誘ってくれたのかもわからなかった。面識はあったけれど、個人的に口をきいたこともないし、もちろん電話で話すのだって初めてなくらいだ。

ＥＰＩＣ・ソニーは、二年前の一九七八年に、ＣＢＳ・ソニーから独立してできたばかりのレーベルで、たしかロック・カンパニーといったようなスローガンというか、キャッチフレーズがついていた。つまらない歌謡曲なんてつくらないぜ、という気持ちが、大袈裟《おおげさ》じゃなくて、社員の人たちの歩き方にまで出ていた。すごく素敵な会社には間違いなかった。ともかくやることにもスピードと勢いとスマイルがあって、みんながワクワクしているのが伝わってきそうな会社だった。そういう会社だから、ぼくに作詞をさせようなんて考えついたのだと、いまだからわかる。

そのうえ、偉い人からお茶を出してくれる若い女の子まで、みんな揃って品があって、とても居心地がよかった。その分、意地汚い人とか、がつがつした下品な人の居場所がなかった気がする。会社の雰囲気って、そういうものなのじゃないかな。インテリアが特別素晴らしいとか、そういうことじゃなくて、創設者の丸山茂雄さんの人柄がそのまま表現されているみたいな、アメリカの西海岸から風が吹いてくる感じの会社だった。

この夢のロック・カンパニーが、ぼくが月の半分くらい顔を出す広告会社のクライアントだった。そして、目黒さんは十数人いる邦楽ディレクターのひとりだった。

色が浅黒くて、たいてい白いデニムの細いパンツと白いポロシャツ、その上にタータンチェックの洒落《しゃれ》た綿のジャケットを、いつもこざっぱりとかっこよく着こなしていた。もちろん、それだけじゃなくて、「ランナウェイ」という曲でデビューしたばかりの、シャネルズを大ヒットさせていた。

ぼくは、東急エージェンシーインターナショナル（通称、東急インター）という、赤坂の広告会社に、嘱託社員として籍をおいて、そのＥＰＩＣ・ソニーから出るすべてのレコードのコピーを書いていた。

　会社のオフィスは、和菓子屋の「虎屋」の二軒隣のビルの中にあった。青山通りに面した虎屋の前の信号を向こう側にわたると豊川稲荷《とよかわいなり》。その境内《けいだい》に三軒ある茶店に、制作部の人たちとよくうどんを食べに行ったりした。もちろん、注文するのはきつねうどんだ。

　お稲荷さんといえば、虎屋と東急インターが入っているビルの隙間の、広さが四、五坪くらいしかない土地に、通称「たこ稲荷」という神社があった。でもご利益《りやく》より、何か奇妙なことに巻き込まれそうなオーラがあって、お参りする人をみかけることはほとんどなかった。それなのに、いつでも小さな石段やお社《やしろ》が、ぴかぴかに磨きあげられていて、和風なデヴィッド・リンチ感があった。

　制作部はビルの三階にあった。デスクがちゃんとあるのに、毎月めんどうな請求書を書かされる社員は、会社でぼくひとりだったと思う。そのかわり、期限までにコピーさえ仕上げれば、あとは出社してもしなくてもよかった。もちろん社外の仕事をするのも自由だった。

　だから、ぼくは東急インターの社員の方の顔で、シャネルズの広告もデビューのときから書いていた。

詳しい話はまたあとでするけれど、広告の仕事とは別に、そのころ、デクちゃんというグラフィックデザイナーの友人とふたりで、男性ファッション誌を作っていた。いまでいうインディーズの雑誌だが、見てくれだけはメジャー誌のようで、創刊号では三宅一生さんが、三号ではタモリさんが表紙になってくれたりもした。

この「ＬＡ　ＶＩＥ」という、全号大赤字に終わった雑誌には、ぼくと、お洒落なミッキーマウスという感じのデクちゃんと、俳優の伊藤雄之助によく似た、社長のスガヌマさん、それと経理の、壇蜜さんをもっと美人にした色白のテルちゃんしかいないので、編集や広告取りのために、おそろしく膨大な時間を費やした。そして、その合間をぬうようにして、生活をちゃんとささえてくれるコピーライターの仕事をしていたわけだ。「ＬＡ　ＶＩＥ」はもちろん無給だった。

一九八〇年五月のある日、シャネルズのファーストアルバム『Mr.ブラック』発売日に、朝日新聞の夕刊のラテ欄の下の全スペースを使った広告が掲載されたことがあった。顔を黒く塗ったメンバーが並んだ写真の下に、「メイクの下も、黒いアメリカ。」というキャッチフレーズが、太いゴシックの書体で印刷されている。

ゲラがあがった時点で、キャッチコピーが全国紙にはふさわしくないといった、読者からのネガティヴな反響を心配する反対意見が出て、EPIC・ソニー社内で問題になった。それで、とうとう親会社であるCBS・ソニーの松尾修吾さんという専務に、掲載日の数日前に呼ばれた。

ぼくを含めて誰もが、叱られるのだろうと思っていたけれど、はじめて会った松尾専務は、余裕のあるジェントルマンという感じで、緊張して顔をこわばらせていたぼくに、

「どうしても『黒いアメリカ』という言葉を使わないといけませんか?」と、やわらかな声で訊いた。

松尾専務が着ている、見るからに高価そうなライトグレーの背広は、その太くてよく響く、低音の声にとてもふさわしかった。袖にできるシワまで、その陰影が安物にできるシワとは違って見えた。

ぼくは、いろいろと理屈を考えて「理論武装」してきたのに、拍子抜けして、考えてきたほどうまく説明ができなかった。結果は、そのまま掲載ということになった。そんな「事件」を目黒さんは見ていて、ぼくに興味を持ってくれたのかもしれない。

それから、この年の前半に大ヒットした沢田研二の「TOKIO」は、電飾のついた紅白の縞《しま》のパラシュートを背負ったコスチュームでもテレビを見ている人たちを驚かせたが、いままでずっとジュリーの詞を書いてきた阿久悠さんの作ではなく、作詞

家としてコピーライターの糸井重里さんが起用されていた。コピーライターに世の中が注目しはじめるのは、あとちょっとだけ先の話だが、端緒《たんしょ》となったのは間違いなく「TOKIO」の誕生だった気がする。

そのころは、本当に楽しい時代の始まり、という気配が東京中にあふれていた。「TOKIO」は、その象徴的な歌謡バージョンという感じだった。阿久悠さんという本格的な作詞家からコピーライターに変わったキャスティングは、ある種の軽さが求められていたことへの答えだったのだと思う。軽さとは、この場合、お洒落とか、ウキウキするようなポップな感覚ということだ。そういう時代の空気を、みんなが呼吸していた。もちろん、目黒さんも、ぼくも。

そんなエイティーズの前触れのように、八〇年代の幕開けよりちょっとだけ早く、八〇年代を特徴づける、勢いのいいムーブメントが、もともと時代を先取りする宿命みたいなものを持っている、ファッションと音楽の世界から始まっていた。

ファッションの世界では、ニューヨーク、ロンドン、パリ、ミラノ、トーキョーみたいな言い方を、モード雑誌でみることが普通になっていた。それが、ただの言葉遊びでないことを、売れてないとはいえファッション誌をやっていたので、肌で感じることができた。東京がファッションの発信地のひとつになった感じが、若干ひいき目に見ているとしても、たしかに青山や原宿にはあった。

七〇年代半ばに東京コレクションに出て、八一年にパリコレクションに揃ってデビューすることになる、山本耀司さんのワイズや、川久保玲さんのコムデギャルソンに続けとばかりに、七〇年代の終わりごろから、いきなり名前も知らないファッションメーカーが増えだした。

「マンションメーカー」なんて言葉も生まれた。マンションを造る会社じゃなくて、マンションのひと部屋でブランドを立ち上げて、デザインから縫製から営業までやっているメーカーのことだ。ぼくたちの雑誌のスポンサーは、スケールの大小はあるけれど、おおむねそういうアパレルの会社だった。

そもそも、デクちゃんが住んでいた代々木上原のマンションの隣の部屋の人が、ひとりでファッションブランドをやっていて、「広告を打ちたいけど、かっこいい男のファッション雑誌がないんだよね」と、たしか小田原さんという名前の、赤いアルファロメオに乗っている、その人が言ったことが、「LA VIE」のコンセプトになったみたいだった。

で、ファッションならパリ、ということで、フランス語で雑誌名をつけたわけだ。

その名前は、時代から取り残されたような、京王線初台《はつだい》駅に近い喫茶店で生まれた。矢鱈《やたら》と店内が暗くて、「唄えて踊れるスナック喫茶」という看板が出ている、普段ならわざわざ入らないような店だった。ぼくたちの他に客はひと組もいなかった。

「お話ししたいことがあるんだよ」

突然、ある雨の日曜日の夜、デクちゃんに呼び出され、大風呂敷ともいえそうな、見方によっては壮大ともいえる、ファッション雑誌の構想を聞かされた。そして、「一緒にやろうよ」と誘われ、「面白そうだね」と答えて、話は決まった。ぼくはジンジャーエールを、デクちゃんはレモンスカッシュを、それぞれテーブルから持ち上げて乾杯した。

ふたりともウキウキしながら、その場で雑誌名も考えた。ほとんど三十分くらいのことだった。初台から代々木に向かう、山手通りの裏手に一軒だけ開いていた、床が赤いカーペットのカビ臭い喫茶店だった。

外に出ると、雨も上がっていた。緩い傾斜のついたアスファルトの道路に一本だけある街灯の下に、水色と黄色のフォルクスワーゲンが止まっている。黄色い方が、デクちゃんとふたりで環状八号線の中古車屋までいき、四十七万円で買った、ぼくのワーゲンだった。

音楽の世界では、イエロー・マジック・オーケストラ（通称Y.M.O.）が一九七九年にワールドツアーで世界を回っていた。

「LA VIE」の創刊号には、メンバーの高橋幸宏さんが、音楽ページに寄稿してくれている。そこには、結成されたばかりのY．M．O．のことが書いてあって、「加工貿易型TOKIO　ミュージック」といった言葉がつかわれ、「TOKYOじゃなくてTOKIOね」と、打ち合わせをした原宿のキディランドの近くの、いまではシャネルのブティックになってしまったあたりにあった喫茶店で言われたのをよく憶《おぼ》えている。Y．M．O．のファーストアルバム『イエロー・マジック・オーケストラ』が発表される直前だったから、一九七八年の夏のことだ。

その幸宏さんの原稿が掲載された「LA VIE」が創刊されたのは、一九七八年の冬だった。

セカンドアルバム『ソリッド・ステイト・サヴァイヴァー』が翌年の九月発売になるとき、幸宏さんがデザイナーとしてやっていたBricksというブランドとタイアップして、十ページくらい誌面を買ってもらった。自分がデザインした服を着た幸宏さんの五、六カットの写真を、表参道の写真スタジオと、レコードの発売元のアルファレコードのモダンな録音スタジオで撮影した。新しい作品のレコーディングが始まる直前らしくて、ミキシングのコンソール卓の向こう側に、無関心そうな顔をした坂本龍一さんがいた。

そのセカンドアルバムはあっという間にミリオンセラーになり、オリコンチャートで一位になってしまった。だから、七九年の秋は、日本中で「ライディーン」や〝T

OKIO〟と加工された声が繰り返す「テクノポリス」が流れていた。そのヴォコーダーの〝TOKIO、TOKIO〟の声が、やはり八〇年代の開幕のファンファーレだった気がする。

ぼくは、発売されたばかりのソニーのウォークマンで、そのファンファーレを何百回も聴いた。

目黒さんから電話をもらった翌日、ぼくは通いなれた青山ツインタワービルの西館八階へ行った。この新しいタワービルの八階全フロアがEPIC・ソニーのフロアだった。

入り口を抜けると、廊下の左側にずらりと全面ガラスで仕切られた広い会議室が並んでいて、新しいことが毎日始まりそうな気配に満ちていた。右側は、社員の人たちのデスクがいくつもの島になっていて、奥が洋楽のセクションで、手前が邦楽のセクション。こちらの見栄えは、普通の会社とあまり変わらない。青山通りに面した窓からは、気持ちのいい東宮御所の森の緑が見晴らせた。

EPIC・ソニーができたばかりで、まだ社員のデスクも会議室の立派なマホガニーみたいなテーブルもなかったころ、がらんとしたフロアに、「EPIC・ソニー設立準備室」という張り紙が、このガラスの会議室の扉にセロハンテープでとめてあった。

そして、その会議室で、運動会のテントの中で使うような、奥行きの浅い折りたたみ式のテーブルをふたつくっつけて、デビューアルバム『BACK TO THE STREET』のサンプル盤ができたばかりの佐野元春さんと、ふたりきりで広告の打ち合わせをしたことがあった。佐野さんが作品について語り、ぼくがノートにメモを取る。ほんの時々、ぼくが質問する。こんな繰り返しで、一時間の会議が終わった。

「とりあえず、曲を聴いてもらいましょうか」とそんな思い出の会議室で、ぴかぴかに磨かれたテーブルの向こう側で、目黒さんが言った。

大きなソニーのスピーカーから、ちょっとファニーな女性の声が広い会議室に響いた。ホリプロダクションの新人、河合夕子さんが、自分で作曲して自分で歌ったデモテープだった。アレンジされたものもあれば、ピアノだけで歌っている作品もあった、声は、基本的には明るくてファニーだった。でも、その明るさに貼りついた影のように、もの哀しく憂鬱《ゆううつ》そうな響きもあって、ぼくは、神経症で入院している恵子のことを思い出したりした。彼女と結婚して二年目だった。

「あのね、誰も歌ってないような歌にしたいんだ」と、数曲聴き終えたあとで、目黒さんが、笑いをふくんだような声で言った。「差別化っていうか、こういうメロディだから、なるべくキャッチーな言葉がほしいんですね。それと、これが夕子ちゃんの写真」

目黒さんが、写真をテーブルの上に置いた。

　アフロヘアに丸いメガネをかけた、歯並びのきれいな女の子が笑っていた。ぼくは、彼女を眺めながら、

「東京タワーが、アルバム全体のイメージ・シンボルになるみたいな歌詞はどうですか？」と、とっさにひらめいた言葉を、そのまま口にした。

　まるで、歌詞など書いたことなんて一度もないことを、自分でも忘れてしまっていたみたいだった。

「言葉で描いた、ポップアートって感じで。作品によっては、ロマンチックなものも、キッチュなやつもあったりして、でも、ともかく楽しいんです。キラキラしていて、聴いてるだけでハッピーになっちゃうわけです」

「言葉のポップアートかあ」と、驚いたみたいに目黒さんは言ってから、「でも、そんなこと、できるの？」と神妙な口調で訊いた。

　きみにできるの？　という意味じゃなくて、言葉で、それができるの？　という意味だと、ぼくは理解した。

「もちろん、というか　たぶん」

「たぶん？」

「やってみないと、できるかできないか、わからないんですけど」

と、ぼくは笑って答えた。

「そりゃ、いいや」

急に、目黒さんは江戸っ子みたいな口調になって、つられたように笑いながら言った。

「アルバム全体が、『現代ポップアート展』なんて小さな垂《た》れ幕が、三本くらい窓から垂れている、原宿の同潤会《どうじゅんかい》アパートの一室で、ひっそりとやっているギャラリーみたいなイメージですね。ギャラリーに入ると、壁に飾られた作品が、一点一点、ぜんぜんモチーフは違っているけど、どれも、見てるだけで幸福な気分になれる絵ばっかりなんです。上野の美術館とはぜんぜん違って、上等なバターを使ったパンケーキを焼いてるみたいな、いい匂いが、ギャラリーにはあふれているんです」

ぼくは、すっかりその気になってしまっていた。

目黒さんも、ぼくがズブの素人であることなんか忘れたみたいに、うんうんとうなずきながら、ニコニコ笑っていた。そして、

「なんか、パンケーキ、食いたくなっちゃったなあ」と明るい声で言った。

「ぼくもです」

と言うと、目黒さんは、すこしまじめな顔つきになって、

「彼女も、シンガーソングライターなので、本人も詞を書きたがっているから、共作

でもいいですか？　もちろん、そんなアイディアは他の人には考えられないから、全体の企画を考えてもらう、という前提ですけど」と言った。

「ぜんぜん、問題ないです」

「そりゃ、よかった。どうもありがとう」

「なにしろ、歌詞なんて、一篇も書いたことありませんから」

「そうだったね、オレ、それ、忘れてたよ」

「ぼくもです」


その夜から、作詞にとりかかった。一週間でふたつの詞が書けた。作詞の作業は、先にメロディがあるせいか、思っていたほど難しくもなく、突然目の前に開けた音楽の世界が面白くて、わくわくしながら書くことができた。

けれども、提出する前日、東急インターの六百字詰め原稿用紙にサインペンで清書した「テレヴィジョン・トリップ」と「北京挫折街《ニードロップ・シティ》」の歌詞を眺めていると、こんなので本当に大丈夫なの？　と、いままでの高揚感が、すっかり跡形もなく消えているのに気づいた。

普通の歌謡曲の歌詞と比べると、見劣りがするというのでもなくて、あまりに違いすぎていて、自分で見ても奇異な感じがした。こんなのでいいはずがない、と急に不安になった。阿久悠さんの熱狂的なファンだった恵子に、「どう思う?」と、正直な感想を訊いてみたい気分だった。

原稿を目黒さんに送った数日後、電話が東急インターのぼくのデスクにかかってきて、

「すごく面白くて、みんなよろこんでますから、会社にきてくれますか」と言われた。

翌日、ガラス張りの会議室で、ホリプロダクションの制作ディレクターの鈴木幹治さんと、河合夕子さんを見つけてきたという、マネージャーの鈴木啓弌さんに紹介された。

鈴木啓弌さんは、きっちりとしたグレーのウール地の、夏用のスーツを着ていた。まじめな顔をしているのに、どこか笑っているようにも見えて、夜遊びと冗談が好きな落語家のような雰囲気があった。

幹治さんの方の鈴木さんには、色白で整った顔立ちに見憶えがあった。淡い薄荷色《はっかいろ》のアロハシャツにジーンズ。足元は、白に鮮やかなグリーンが、ベロのタグとかかとの上側に配色された、アディダス・スタンスミスだった。そんなスタイルは、ミュージシャン出身にしか見えなかった。かっこ良さも魅力だったけれど、雰囲気からにじみ出ているあたたかさが、ともかく魅力的だった。

雑談をしているうちに、モップスのドラマーだったことがわかった。お兄さんが鈴

木ヒロミツさんだということも。

ああ、ここは音楽業界なんだ、とぼくは興奮した。これまで少なからずアーティストと接触してきたのに――それどころか、アン・ルイスさんとは、デクちゃんとぼくと三人で、「卵カンパニー」というデザイン会社も一緒にやっていたくらいなのに、そんな風に初めて興奮したのは、ゴールデンカップスとならんで、モップスを特別にかっこいいグループと思って少年時代を過ごしたせいだったと思う。

でも、それはともかく、いちばん驚いたのは、中学や高校のころテレビで見ていたグループサウンズの人が、あまり自分と年が変わらないことだった。

雑談がひとしきり続いたあとで、幹治さんが、背筋を伸ばすように座り直して、

「本人に歌わせて、少し手直しさせていただくかもしれませんが、『テレヴィジョン・トリップ』も『北京挫折街《ニードロップ・シティ》』も、どっちもすごく面白いです。ありがとうございました」と、おそろしくまじめな口調で言って、頭を下げた。

全員がとても歌詞を気に入ってくれているみたいで、部屋の空気が明るく、華やいでいた。それが、素直にうれしかった。

幹治さんは、本当にぼくの歌詞が好きだったようで、その後も、突然、会社に電話がかかってきて、「浜田省吾のニューシングルのタイトルで悩んでいるんですけれど、考えていただけますか」と、相談されたこともあった。幹治さんは、浜田省吾のディ

レクターとして、音楽業界ではむかしから有名な人らしかった。

ぼくは、浜田さんの歌詞を読んで、いくつかタイトルを考えたけれど、それは採用されなかった。結局もとのままの「陽のあたる場所」というタイトルで発売された。

それでも、ぼくは、誰かに自慢したくなるくらいうれしかった。もちろん、採用されなかったタイトルを、誰にも自慢することはなかったけれど。

「それから、河合夕子が、自分で書いた詞があるんですが、ちょっと見ていただけますか。コンセプトは、売野さんがおっしゃったままを伝えて、それで書かせてあります」

幹治さんが、コピー用紙に鉛筆で書いた歌詞を見せてくれた。クライアントに読んでもらうために書くコピーと違って、薄い鉛筆で書かれた読みにくい文字だったので、ぼくはちょっと驚いた。同時に、サインペンで原稿用紙に書く自分の原稿は、いかにも商売商売しているようにも思えた。はったりっぽいところも含めて、後ろめたい気分を感じたりもした。

「ララララで歌っているテープがありますから、それと一緒に読んでいただけますか」

ぼくは、すでにアレンジしてある曲を聴きながら、歌詞を読んだ、すごくポップで懐かしいメロディだった。

「直すところがあったら、直してください。それに、このタイトルだと、普通すぎるので、考えてもらえるとうれしいです」と言われた。

ぼくは、歌い出しの一行を「キンラメ Night に踊ろうよ」にして、コーラスの歌詞を「常夏・ココナツ・ココナツ・常夏ナイト」の繰り返しに置き換えた。そして、タイトルも「東京ナイト」から、「東京チーク・ガール」に変えた。

最初はお手伝いみたいな感じだったのが、だんだん風向きが変わってきて、ぼくが歌詞のアイディアを提案するたびに、この制作チームが面白がってくれて、最終的にすべての歌詞を考えることになった。それから、ほぼひと月で、合計十二作品くらいを、河合夕子さんと共作して、その中の十曲がＬＰに収録された。

収録曲はこんな感じだ。

1　テレヴィジョン・トリップ
2　ジャマイカン Climax
3　１９５９想い出のダンス・ホール
4　チャイナタウンでスクールデイズ（香港街学校日々）
5　ハリウッド・ヴァケーション
6　東京チーク・ガール
7　黄昏《たそがれ》のジゴロ・デ・マンボ

8　バスクリン・ビーチ
9　北京挫折街《ニードロップ・シティ》
10　世紀末。神々のチャチャチャチャ

カタカナが多くて驚く、というか、あきれるけれど、知らないうちに、目黒さんに話した、パンケーキの焼きたての匂いのするポップアート・ギャラリーという、コンセプト・アルバムになってしまっていた。

「東京チーク・ガール」は翌一九八一年二月に、そして十作品が収録されたアルバム『リトル・トウキョウ』は、同じ年の五月に発売された。そして、夕子ちゃんは、その年のＡＢＣ歌謡新人グランプリ審査員奨励賞を獲った。

『リトル・トウキョウ』の全体がイエローのアルバムジャケットは、横向きの小さな東京タワーの模型が、電波を黄色い空に放ちながら、アンテナの先端で、河合夕子さんのクルクルの髪に刺さろうとしている写真だった。

ブルース・オズボーンさんが、浅草の自分のスタジオで撮影したものだ。スタジオといっても、古い日本家屋をちょっとだけ改造したもので、それが矢鱈とかっこよく見えた。撮影の内容はほとんど憶えていないけれど、小津安二郎の映画に出てきてもおかしくない二階へ上がる狭い階段と、撮影の後に写真家に連れていってもらった、お多福という美味《おい》しいおでん屋の味が、鮮やかな記憶として残っている。

そのころは下町に特別興味もなく、足を運ぶことは二度となかったけれど、後々、根津に近い、上野池之端に住むようになってからは、しょっちゅうお多福に通った。

お多福に行くたびに、かならずといっていいほど、その撮影した日のことを思い出した。でも、どうしてぼくがその撮影現場にいたのか、二十九歳のぼくは何を考えていたのか、よくわからない。そのときの気持ちが思い出せないでいる。

でも、『リトル・トウキョウ』を聴くと、美味しそうな上等のパンケーキの匂いではなくて、未来を切り拓《ひら》こうとしている、わりあい一生懸命な、まだ青年といっていい人の匂いがする。

ぼくはファッション誌の
編集者で、
宝石みたいな新しい才能に
毎日のように出会ったんだ。

LA VIE EN ROSE

第二章

平山みき
本橋成一
高橋睦郎
忌野清志郎
金子國義
鮎川誠
澁澤龍子
細野晴臣
川上弘美
三好和義
松本健一

そのころ、創刊してまだ一年少しの「Ｆｉｎｅ」という雑誌の、グラビアの見開きページに、平山三紀（現・みき）さんと一緒に出たことがある。

黄色の地にスパンコールの飾りがついたセーターを着た平山さんが、ちょっと妖《あや》しげな雰囲気で、東京湾岸の夜景を背景にしてレンズを睨《にら》んでいる。隣に、黒い革のジャケットと黒いシャツに細いネクタイをした、ぼくがいる。芝浦埠頭《ふとう》か日の出桟橋《さんばし》あたりで撮った写真だ。

タイトルが両側についていて、ぼくサイドのタイトルは、「嗚呼《ああ》、黄昏《たそがれ》の東京チーク」。平山さんサイドは、「東京ベイ・ブルース／キンラメナイト」となっている。だから、河合夕子さんのアルバムを書いているころだとわかる。本文も半分は自分で書いたものだ。

雑誌に顔が出るのも初めてだったし、平山三紀さんのファンだったので、かなりドキドキわくわくした。

ぼくは大学二年のときに、彼女の「真夏の出来事」を聴いて、その声のとりこになった。以来、ずっと中毒といっていいくらい、彼女の声を愛しているのだけれど、声というものにシビれたのは、それが初めてだった。

いま、一小節聴いただけでうっとりして、ヨダレさえ垂《た》らしかねないナット・キング・コールも、子供のころから聴いていたのに、当時は、低音が気持ちいいなあとゾクゾクする程度だった気がする。恍惚《こうこつ》として、シビれる状態に至るには、気持ちも、それから身体《からだ》もウブすぎたのだろう。

それは、声が、たとえば虫歯の激痛が脳天を直撃するみたいに、官能とダイレクトにつながっているからではないかと思う。人それぞれ、その官能のボタンを押す声は、もちろん様々なのだけれど、誰でも、誰かの声と、そういう秘密の関係を結んでいる気がする。ぼくの場合、平山さんの声と、もちろん一方的ではあるのだけれど、ちょっとエロチックな関係なのだ。

作詞家になってから知ることになるのだが、彼女の歌を作曲していた筒美京平さんも、その声に恍惚としたひとりで、その魅力を精確に、かつ最大限に、しかも効果的に伝えるためのメロディを歌わせていたみたいだ。こうなると、〝エロチックな関係〟のスケールが圧倒的に違ってきて、いきなり自分を卑小に感じたりしてしまうのだけれど。ついでにいうと、筒美京平さんの好きな言葉は、「うっとり」と「魅惑」で、これはぼくとまるで同じだ。

そんな感じで平山三紀さんを偏愛していたから、自分で企画をつくって、東急インターからワーナー・パイオニアに転職した田中良明君と、彼の同僚の富岡信夫さん経由で「Ｆｉｎｅ」に売り込んだのだと思う。特に「Ｆｉｎｅ」がこの企画にぴったりだと考えていたわけでもなくて、「ＬＡ ＶＩＥ」の宣伝をしてもらいたくて、「記事を書いてくれませんか」と編集部にお願いしに行ったついでに、ちゃっかり自分の趣味を実現させてしまった。

佐野恭子さんという、ぼくよりふたつ三つ歳下の、整った顔立ちをした、なんだか妙に色っぽい編集者が、ぼくのアイディアを気に入ってくれた。一緒にいると、誘惑されている気分にさせる、不思議なムードを持った人だった。頭の一文字を変えると、ぼくの妹と同じ名前になるので、すらすらと名前も出てくるだけで、とくに何があったというわけではない。ちょっと残念、というか、念のため。

「あなたって、自分の雑誌や企画を売り込むときだけ、饒舌《じょうぜつ》なのね。普段は無口なのに」と、ぼくの目を覗《のぞ》き込むように見られて、笑われたことを憶《おぼ》えている。

普段、自分のことを、大きく分ければシャイな人間の方に属するだろうと思っているけれど、「Ｆｉｎｅ」の「嗚呼、黄昏の東京チーク」、「東京ベイ・ブルース／キンラメナイト」のことを考えあわせると、案外、図々しいやつだと感じている人も、けっこういるのかもしれない。

それで思い出したのだけれど、詩人の高橋睦郎さんに、独特の美声と節回しで、「彼は、ひさびさの、含羞《がんしゅう》のひとなのよ」と詠《うた》うように、何人かのひとの前で言われたことがある。高橋さんのお宅だった。それを聞いて、ぼくは顔を赤くした。「売野さんて、しゃべらないね」と言った誰かに、高橋さんが答えてそう言ったのだ。

高橋さんひとりだけでも極度に緊張するのに、金子國義さんや合田佐和子さんや澁澤龍子さんなど、自分が地方都市で少年時代を送っていたころからの、黄金の六〇年代のスターの顔が揃った席では、「含羞のひと」にならざるをえないよなあ、といまでも思う。

「あら、そう？　そうかしらね」と、高橋さんに答えるように、澁澤龍子さんが言った。「私たちは、男の清純派って呼んでいるのよ」

男の清純派！　さすがだなあと感心した。もし他人のことだったら大声で笑うところだが、自分の話なので、ぼくは心臓の鼓動が耳元で聴こえるくらい本格的に赤面した。

逗子の高橋さんのお宅で開かれた、花見の会に呼んでいただいた、一九九六年の春のことだ。

どうしてその年まで憶えているかというと、話し相手もなく手持ち無沙汰にしていたぼくに、高橋睦郎さんが、さりげなくごく自然な感じで、背の高い、柔らかな雰囲気の小説家の女性を紹介してくれたからだ。文芸誌で読んだばかりの小説の作者だった。彼女は、居間の隅に置いてある華奢《きゃしゃ》なデザインの木製の長椅子《ながいす》に、スリッパを脱ぎ長い脚を折り曲げて横座りしていた。

「『文學界』読みましたよ」と、板張りの床に腰をおろし、長椅子に肘をおいて、座り直した彼女を見上げるかたちで、ぼくが言ったら、「本当に?」と、とても驚いた様子で、目を輝かせて微笑《わら》った。

普段は買わない「文學界」を、偶然、ぼくはその号にかぎって買っていた。

「ぜんぜん、つまらなかったでしょう?」

「すごく面白かった、お世辞じゃなくて、本当に素敵な小説だった」

「ありがとう」と、素直な声で彼女は言った。

「タイトルは、『虹を踏む』だっけ?」と、ぼくが言うと、彼女は困ったような顔をして微笑《ほほえ》み、それから、がまんできなくなったみたいに、声をたてて笑った。

「蛇、なんだけど、『蛇を踏む』」

小説は、その年の芥川賞を受賞した。川上弘美という名前を新聞で読んで、ぼくは、その長い脚をおおっていたオリーブ色の長いスカートと、清楚な感じのする白いブラウスとごく淡いシトラスの香水を思い出した。同時に、「虹を踏む」も思い出して、自分の間抜けさ加減に笑った。

話を「LA VIE」に戻そう。

「LA VIE」が創刊されて、驚いたことのひとつは、都内でも限られた書店でしか売ってないのに、カメラマンの売り込みが本当に多かったことだ。創刊直後から、毎日ではないにしても、電話か手紙で問い合わせがちょくちょくあった。「LA VIE」のメインの読者はカメラマンだった、というような冗談も通用しそうなほど、発表の場を求める写真家が飢えた獣みたいに、どこからともなく集まってきていた。いったいどこであんなマイナーな雑誌を見つけて買ってくれたのだろうかと、不思議に思ったものだ。

だいたい、公称三千部とも五千部とも言っていたけれど、その半分も刷ってなかったはずだった。

創刊号が想像以上に売れなかったので、スガヌマ社長はあせって、二号目からは、書店を回る営業マンの助っ人が雇われた。その成果があって、読者からのハガキの数も倍増した。といっても、百通にも届かなかったのだけれど。

そのチームを率いていたのが梶野くんという、東急インターのアメリカンフットボールクラブのチームメイトで、名前の通り、見るからに山っ気がありそうなギャンブラータイプで、売れるものならなんでも売る、というセールスマンシップの塊《かたまり》みたいな男だった。「セールスマンは、断られてからが仕事です」というのが、梶野君の口癖だった。

それから、二号目からは、日大と明治大の学生が、無給でいいから編集部で働かせてほしいと、雑用の手伝いを始めてくれた。高橋幸宏さんに弟子入りしたこともある廣田雄司君と、後々広告会社の偉い人になる上本朗君だ。ふたりともセンスのいいオシャレくんたちだった。創刊号を見て、「お、新しいことが始まってるじゃん」と、別々の場所で思ったそうだ。

カメラマンの売り込みは、たいていの場合、ぼくが相手になっていた。いろんな人が作品を抱えて、渋谷の金王八幡宮のすぐ近くにあった、ルーツ出版という会社を訪ねてくれた。

その中で、たったひとりだけ仲良しになったのが、奥正治さんという写真家で、奥さんの奥さんは、明治製菓のマーブルチョコレートのコマーシャルに、六歳くらいから出演していた上原ゆかりちゃんだった。

奥さんは、ともかく人なつこくて、いつでもニコニコしている、誰からも好かれる正統派のハンサムな男だった。彼は、いまでいう〝天然〟のひとで、やや時代遅れのベルボトムをいつも穿《は》いているのも、素朴な感じがして悪くなかった。絵に描いたようなファッション・フォトグラファーって感じのひとじゃなかったので、友だち付き合いができたのかもしれない。

そんな写真家なので、知り合いも多いらしくて、天性の営業力で取ってきた、いろいろな仕事をぼくにまわしてくれたりもした。

そのいちばんスケールの大きな仕事が、チュニジア政府観光局の仕事だった。まだ日本人には馴染《なじ》みのなかったチュニジアを、日本に紹介するための広報のキャンペーンだった。十七日間でチュニジアの、都市やリゾートや砂漠など、主だった観光地を巡る予定の旅だ。

そのために、最終的に五人編成のチームが組まれた。この五人を使って、雑誌や新聞でチュニジアを紹介するというわけだ。チュニジア政府観光局の広報の担当者は、まだ二十代の矢鱈《やたら》と肌が白い、小柄な女性だった。でも、その性格の強さで、チームをぐいぐい引っ張って、このキャンペーンを仕切っていた。

雑誌「太陽」に執筆するのが、『若き北一輝』の著者として知られる評論家の松本健一さん。タッグを組む写真家は本橋成一さん。本橋さんは、後年、チェルノブイリを題材に『ナージャの村』という写真集とドキュメンタリー映画を発表したりする、

〝社会派〟の人だ。髪の毛をいつもモジャモジャにしていて、顔には、反骨の魂がくっきりと刻まれている。松本さんは、ぼくは保守の人かと思っていたが、後年、民主党政権のとき内閣官房参与になったので、かなり驚いた。さすがに「太陽」だけあって、ふたりにはちょっと重々しくて、気楽に話せないインテリのオーラが漂っていた。その重々しさには最後まで馴染めなかったけれど、お洒落《しゃれ》なんてどこ吹く風、野暮ったくてどこが悪い！　といった風情《ふぜい》には、共感するわけではないけれど、変なモード野郎よりもずっと好感が持てた。

　共同通信の記者の赤岩《あかいわ》さんは、おそろしく真面目で、淡白な印象の人だった。写真も自分で撮っていた。ほとんど誰ともうちとけなかった記憶がある。そのかわり、ジャーナリストだから当然なのだけれど、誰かれかまわず、のべつうるさいほど質問をしていた。地元の観光局の人に案内され、長時間同じバスに乗って国中を移動しているときなど、ちょっと黙っててくれよ！　と言いたくなるほどだった。もちろんメモの量も半端ではなかった。

　そんな方々から、奥カメラマンとぼくは「なんだ、こいつら」的な視線で見られていたような気がする。ぼくたちは、若者むけのグラビア誌「ＧＯＲＯ」と「週刊ポスト」、それから「ＬＡ　ＶＩＥ」（！）でチュニジアを紹介するという約束だった。観光局からいっさいギャランティが出ないかわりに、航空運賃と宿泊代、食事代はすべて提供するので、あとは、それぞれの雑誌から好きなだけ原稿料をいただいてくださいねということだった。

「『LA VIE』は、合わないいんじゃないの？　発行部数も少なすぎるし、観光局の人もあきれる気がするなあ」と、ぼくが言っても、奥さんは、「いいから、いいから、数字は積み重ね」とかなんとか言って、にこにこ笑ったまま、取り合ってもくれなかった。

チュニジアへはエールフランスの便を乗り継ぐ、パリ経由だった。

トランジットの時間が三時間以上あった。そのシャルル・ド・ゴール空港で本橋さんがトラブルに巻き込まれた。というか、トラブルを起こした。

空港をパトロール中の警官が、モジャモジャヘアの下に反骨精神たっぷりの顔がついている本橋さんに目をつけたのか、無言のまま近寄ってきた。本橋さんはジーンズに黄土色の革ジャン、その下に、防弾チョッキに見えないこともない、ポケットがいっぱい付いたグレーのベストを着ていた。だからといって特に怪しそうにも見えないはずだが、警官は横柄《おうへい》な態度で職務質問をしはじめた。本橋さんは、生来の反骨の魂に火がついたのか、軽い冗談のつもりだったのか、警官に向かって、指でピストルの形をつくって、引き金を引くジェスチャーをしてバーンと声を出した。すると、警官がいきなり本物のピストルをホルスターから抜くと両手で構えて、本橋さんに銃口を向けた。至近距離から見る拳銃は、むき出しの暴力そのもので禍々《まがまが》しかった。「ホールドアップ！」と多分フランス語で言ったのだろう。その短い叫びに、トランジット客のざわめきが、水面に波紋が広がるように起こり、そして次第に消えていった。両手を上げさせられた本橋さんに、もうひとりの警官も拳銃を構えた。

空港の待ち合いロビーが静まり返った。フロアにいるほとんどの人が、その成り行きを見守っていた。

ぼくは、その前の年にパリに遊びに来たとき、バスのターミナルで、紺色の円筒形の帽子をかぶった警官が、男を追いかけていき、襟首をつかむと道路に引き倒し、頭を数発、思い切り警棒で殴りつけるのを目の当《ま》たりにしていたので、フランスの警官は恐ろしいという印象が焼き付いていて、本橋さんが本当に撃たれるような気がして、吐き気がしてきそうなくらいはらはらした。

フランス語を話せる松本健一さんと、チュニジア政府観光局の人が、懸命に説明して、やっと警官が銃をしまったとき、ぼくの脇の下は汗でびっしょりになっていた。

それが、たしか十二月十八日あたりで、帰国したのが一月八日くらいだったので、ほぼ三週間の長い旅だった。といっても最後の三日間は安いホテルにふたりで泊まって、パリの街を毎日遊びまわって楽しんだし、クリスマスから新年の二日までは、政府観光局もお休みらしく、ぼくたちは全員が、地中海に浮かぶジェルバ島のビーチ・

リゾート・ホテルに「幽閉」されていた。避寒地といっても、優雅さとはほど遠く、プールの水は冷たくて泥の色に濁っているし、そのうえ、アフリカでもこんなに寒いのかというほど風も冷たかった。

ひとつだけ感動したのは、夜の闇の暗さだった。外灯が一本も立っていない道を、ホテルまで月の明かりだけをたよりに帰ったことがあったけれど、自分の手さえ見えないくらいの真っ暗闇だった。

それでも、ヨーロッパからの観光客が押し寄せてきていて、白い漆喰《しっくい》の壁のコテージが並んでいる、半円形のすり鉢状になった穏やかな斜面の、いちばん底にあるレストランやディスコは、毎晩混雑していた。

三日もいると、飽きてしまうようなリゾートだったが、毎日、朝食のテーブルに並べられる、野菜の色と大きさと味の濃さには、これが同じ野菜なのか、と、原色みたいに色鮮やかなピーマンやパプリカやレタスを食べながら、感動的な気分を味わった。

それから、退屈だとはいっても、見知らぬヨーロッパからの客と毎日顔を合わせているうちに、〝避暑地の恋〟の魔力がじわじわと働きはじめるみたいで、「教授」とぼくたちから呼ばれていた、色恋とはいちばん縁のなさそうな松本さんが、イギリスからの外国人客の間で人気が高まっていった。それから、相棒の本橋さんも、スペインかポルトガルからやってきたエキゾチックな顔立ちをした、ダンサーの人と恋に落ちたみたいだった。

松本教授に恋をした赤毛のイギリス人は、誰とも目をあわせない、とてもシャイな感じのする学校の社会科の先生だった。芸術家らしい雰囲気があるダンサーは、ジプシー系のダンスをディスコでも踊っていた。朝食のテーブルで、ふたつのできたてのカップルを眺めながら、似た者同士という言葉が、頭に浮かんだ。

最年少のぼくと、それからひとつ年上の奥さんは、ただ指をくわえてふたりを眺めているだけだった。共同通信の赤岩さんは、もともとそういうことに興味が湧かない人のように見えた。毎日、ノートとカメラの入った、ベージュのショルダーバッグを肩からさげて、ふらりと歩いてどこかに出かけていた。その姿はなんだか永遠の予備校生みたいで、哀愁さえ感じさせた。

しかし、ある日、ミラノからの若い女性だけの観光団が到着すると、奥さんの目の色が変わった。その団体ツアー客の、五人いた若い女の子のグループの中から、最も恋に免疫《めんえき》のなさそうなフィオレラという子を選んで、集中的に攻撃を仕掛けはじめた。イタリア語はもちろん、英語もあまり話せないのに、笑顔と視線による、それはもう見事としかいいようのないアタックで、写真家のコテージに急ぐフィオレラの姿を、次の日から毎日見かけるようになった。

ぼくは、イタリアの女の子たちに興味がなかったわけではなくて、いちばん綺麗なナディアという人にソワソワした感情を抱きはじめるのだけれど、プールサイドで日光浴をする彼女の脇の下に、ペンキをベンチに塗るくらいのサイズの、ちょっとした立派な刷毛のようなヘアを見つけ、ぎょっとして、いっぺんでやる気をなくしてしまった。

ある日の午後、奥さんのコテージに向かうフィオレラと、ぼくの部屋のドアの前で鉢合わせをした。彼女は、とてもつたない英語で、「本当は、最初からあなたが好きだったの」と言って、ノートに住所と電話番号を書いて、ぼくに手渡した。

「いつかミラノに来たら、訪ねてきてね、約束だよ」

このハートブレイクホテルで、ぼくは一九八〇年を迎えた。

ぼくらはパリで遊んで行きますからといって、取材チームの他の人たちとは、シャルル・ド・ゴール空港で別れた。サン・ジェルマン・デ・プレで適当な安ホテルを探し、それから、エールフランスのオフィスへ行って、あと四日しかない航空券の有効期限をのばせないか交渉した。結局うまくいかなかったけれど、交渉はすべて奥さんがやってくれた。

それから、毎朝、カフェ・ドゥ・マゴかフロールでコーヒーとクロワッサンで朝食をすまして、それから一日中、街をうろついた。

仕事といえるほどのものではないけれど、ひとつだけ目的があった。前年の一九七九年十月にY.M.O.がワールドツアーをやったときにパリの会場になった、ル・パラスというクラブに行き、マネージャーと会って、日本からわざわざ持ってきた「LA VIE」を渡してきた。

めずらしい訪問者なので、むこうもいちおう歓迎はしてくれた気がしたけれど、しかし、いったい、ぼくがその訪問にどんな意味を見いだしていたのか、正直に言うと、さっぱり見当がつかない。ただ自分を、活動的な男だったんだなあ、と思うくらいだ。

チュニジアの紹介は、「GORO」ではなくて「大学マガジン」で砂漠の特集をやり、「週刊ポスト」で、サハラ砂漠の北十キロに位置するドゥーズという町で年に一度、四日間にわたって開かれる「サハラ・フェスティバル」の、ラクダと羊の群れのパレード、ラクダ・レース、アクロバット、遊牧民ベドウィンによる騎馬戦、そしてクライマックスのラクダの格闘大会の様子を紹介した。「LA VIE」では、結局、チュニジアの記事は載せなかった。奥さんは、そのつもりで「LA VIE」用の写真も撮っていたはずだけど、それについては何もいわなかった。

チュニジアの企画を断わったことを気にしていてくださったのか、「GORO」の副編集長の根本恒夫さんから、翌月の号か、翌々月の号で、ミュージシャンをモデルに使って、ファッション・ページをやってくれないかと頼まれた。

すでにぼくは二十九歳だったから、こういう仕事をこれからずっとやっていくのかなあ、とも考えたが、雑誌の取材や編集の仕事は、正直に言うと多少の居心地の悪さがあった。人との折衝や交渉の才能が、おそらくまったくなかったからだと思う。「君みたいにしゃべらない営業マンに会うのは、初めてだよ。それでよく営業ができるねえ」と、あきれられたこともあった。そう言ったのは、高橋幸宏さんのお兄さんで、Bricksの社長をやりながら、音楽のプロデュースもしていた高橋信之さんだ。

話を戻そう。「モデルは誰にする?」と、根本さんに訊かれて、RCサクセションのプロモーションで、「LA VIE」の事務所まで何度か来てくれた、キティ・レコードの宗像和男さんのことを即座に思い出した。宗像さんはとびきりの美男子で、しかも熱意と誠意の人だった。彼が担当する忌野清志郎さんは、まだまるきり売れてなくて、宗像さんが熱心にラジオ局や雑誌社を回っていた。プロモーションのために、「LA VIE」に初めて来た、音楽関係者第一号だった。そんな宗像さんの紹介で忌野清志郎さんに会い、誌面に登場してもらったことがあった。

そのページ用に、清志郎さんの写真を国会議事堂の正門前で撮影していたら、撮影を阻止しようとガードマンが飛んで来たので、ガードマンも一緒に写り込んだ、面白い写真が撮れた。そこに、清志郎さんの文章で、当時の横綱北の湖関のことが書いてあったりする、とても清志郎さんらしいページになった。

ぼくは、大相撲協会へ行って、横綱の土俵の上の写真を借りてきて、国会議事堂の写真と並べてその四ページを構成した。もちろん写真を貸してくれるくらいだから、掲載の許可ももらっている。なんだか牧歌的にさえ思える、いい時代だなあと思う。

「忌野清志郎はどうですか?」と、根本副編集長に訊くと、

「RCサクセションか」と、渋い顔をされた。「もっと新しくてさ、洒落たやついないの? ロックで」

「鮎川誠が、いま、ともかくいちばんかっこいい男です」と、ぼくはシーナ&ザ・ロケッツを提案した。でも、まだメジャーな存在ではなかったので、音楽には相当詳しい根本さんも彼らのことは知らなかった。

ロック好きの根本さんが音を聴きたがったので、前年の一九七九年十月に発売されたばかりの『真空パック』というアルバムをアルファレコードから送ってもらった。それは、細野晴臣さんのプロデュースアルバムで、シングルカットされた「ユー・メイ・ドリーム」は、音はいいし、ポップで、かっこよくて、聴いていてワクワクする最高の楽曲だった。

根本さんもアルバムが気に入ったらしく、

「鮎川誠だけじゃなくて、グループ全員に出てもらおうよ」と、モデルはシーナ&ザ・ロケッツに決まった。カメラマンは三浦憲治さんだった。

で、港区麻布台のスペイン村と呼ばれる、昭和の初めに建てられた洋風集合住宅の一角にある、三浦さんの事務所に打ち合わせをしに行った。〝スペイン村〟には、六〇年代はレーサーでデザイナーの福澤幸雄、タイガースの加橋かつみといった、ファッション界や音楽界の華やかな人たちが住み、八〇年代初めになると広告業界の人やモデルが多く住むようになったみたいだった。ひと言でいうと、ゴージャスというのではなくて、矢鱈と洒落たヴィンテージのタウンハウス群といった趣《おもむき》だ。

伝説のスペイン村だから、もちろん名前だけは知っていたけれど、足を踏み入れるのは初めてだった。小振りなドアが鮮やかなブルーやグリーンに塗られた、可愛らしい家々を見てると、いったいどんな人が、どんな暮らしをしているのだろうか、とドアをノックして、家の匂いを嗅《か》がせてもらいたいくらいの気分になる。それほど感激したわけではないのだけれど、こんなところに一度くらい住んでみるのも悪くないかなと思った。

そのころ、ぼくが住んでいたのは渋谷区本町にある、新宿からバスで十分くらいの、山手通りからちょっと入った三階建てのマンションだった。当時としてはわりと広い、真四角のワンルームの部屋で、家賃が七万円だった。その四、五倍はしそうなスペイン村に住むことは、ぼくには現実的ではないし、住んでみるのも悪くないなんて、ちょっと生意気な言い方で、実際そう恵子に言ってみたら、バカじゃないのと笑われた。

余談になるが、その真っ白なワンルームの部屋と、メゾネットの部屋が三つずつあるマンションは、遊びに来た友人夫婦が二組も入居するくらい、当時としてはかなり魅力的な建物だった。それで、何の特集だったか、「ブルータス」から取材されたことがあった。担当編集者の小黒一三さんが、若いカメラマンを連れて部屋にやってきた。カメラマンは、ぼくにカメラを向けながら、レンズ越しに、自分はまだ学生で、編集部でアルバイトとして働いている、と自己紹介して言った。本当に純粋そうで、とても可愛らしい人だった。それが三好和義さんだった。

でも、結局、部屋の写真は掲載されなかった。その数年後、また小黒さんから依頼されて、今度は、平山三紀さんについての原稿を書いたけれど、それも活字になることはなかった。よほど縁がなかったのだろう。


シーナ&ザ・ロケッツの撮影場所は、はじめから、銀座六丁目の東京温泉と決めていた。

東京温泉には、東銀座の第一企画という広告会社に勤めていたときに、数回行ったことがあった。個室には、スチームバスも備えられたりしていて、ソープランドの走りみたいに言われたりすることもあるけれど、そのころは、すでにそんないやらしい場所ではなくて、ラドン温泉が出る健全な公衆浴場だった。しかし、中身はたとえそうであったとしても、東京温泉の雰囲気には、やはりどこか饐《す》えたような匂いのする場末感はあるし、性的で濃密で、悪所場《あくしょば》ムード満点だった。

Y.M.O.がプロデュースする洒落たロック・バンドと、ややもすれば悪趣味な東京温泉の組み合わせは、いまから考えると、奇をてらったありきたりのアイディアだけれど、そのときは、きっとそれがロックンロールな感じがしたのだ。

そんな考えを、思ったまま提案すると、根本さんは面白がって、即座に賛成してくれた。三浦カメラマンも、「こんな顔した日本人がいるんだ」と、鮎川誠さんの写真を興味深そうに眺めながら、「ロックだよなあ」と言った。

衣装は、六〇年代のロンドンのモッズみたいになるようにと、スタイリストの方にお願いして、メンズ・ビギやニコル、グラスメンズ、原宿クリームソーダあたりを回って、細身のスーツを中心に集めてもらった。

撮影当日、初めて会った鮎川誠さんは、とても繊細そうな尖《とが》った顔をしていた。無口なのか、モデルの仕事が嫌だったのかわからないけれど、撮影中ほとんど口をきかなかった。

いまから考えると、そのころの鮎川さんは、細野晴臣さんにプロデュースされ、じわじわと人気が出はじめたのはいいけれど、ロンドンのニューウェイヴのバンドのような洒落たイメージで売り出されて、それが自分のやりたいロックから離れていくみたいで、ナーヴァスになっていたのかもしれないとも思う。

で、また、レコード会社からパブリシティの一環としてやらされたのが、モッズのスーツを着せられて、銀座のお風呂屋で撮影されるファッションページだったから、きっとFuck You! 気分だったのだろう。

細野晴臣さんといえば、「LA VIE」の第四号で、音楽ページに「インソムニア」というタイトルの原稿を書いてもらった。

「タイトルはインソムニア、不眠症のことですね」と打ち合わせのときに、これから書くもののタイトルを、いきなり言われたので、ものすごく驚いた。

「え、もう書かれたのですか？」と、ばかな質問をしたら、

「まさか」と、笑いを含んだような低い声で言われた。

渋谷区桜丘町の、コーヒー専門店だった。〝ジャックの豆の木〟、だったか、正確な名前は忘れてしまったが、ともかく、そんなセンスの店だった。でも、コーヒーはとても美味《おい》しかった。

一九七九年のたしか夏だったから、Y.M.O.が大ブレイクする直前のことで、ブレイクオーラが身体《からだ》中から出まくっている細野さんに、そのコーヒー屋さんの雰囲気がまったく似合わないと感じたことをよく憶えている。

その号の表紙は、岡田眞澄さんだった。ぼくもデクちゃんも大好きだった映画、『狂った果実』へのオマージュのつもりだった。だから、というのも変だけれど、岡田眞澄さんはノーギャラで引き受けてくれた。映画好きの細野さんは『狂った果実』へのオマージュとわかってくれたかなあと、掲載誌を送ったあと、ふと思った。

細野晴臣さんと再びお会いしたのは、一九八三年、中森明菜さんのニューシングルの打ち合わせのときだった。そこで、「出久根さんは、お元気ですか?」と訊かれて、ぼくは細野さんの記憶力にびっくりした。出久根さんとは、「LA VIE」のデクちゃんのことだ。

記憶力にも驚いたけれど、名前を憶えられるほど頻繁に、デクちゃんは細野さんと会っていたのだろうか、と、徐々に疎遠になってゆく〝親友〟のことを訝《いぶか》しんだ。

ソロアルバム『トロピカル・ダンディー』が発表された一九七五年から、ずっと細野さんのアルバムを聴いているけれど、なぜだか、はっぴいえんどには、ほとんど興味が湧かなかった。最後のアルバム『HAPPY END』が、四谷にあったロック喫茶、ディスクチャートでよくかかっていたのを憶えているくらいだ。

どうしていきなり『トロピカル・ダンディー』からファンになったかといえば、「ニューミュージック・マガジン」の編集長、中村とうようさんが、編集後記に、細野晴臣というミュージシャンには、どこか胡散《うさん》臭さを感じる、といった内容のことを書いていて、「細野晴臣は危険人物である」、と締めくくられていたからだ。そしてその後に、「せいぜい注意して、彼の動向を見守ることにしよう」と、かなりいやらしい書き方をしていた。

なんだか下品だなあと思いながら、細野さんの才能が、中村とうようさんを貫いた瞬間を見た気がした。

ぼくは、そのころ、勤めていた萬年社の制作部にアルバイトに来ていた、間野さんという青山学院の女子大生にカセットに録音してもらった『トロピカル・ダンディー』を毎日聴いていた。

第三章

ポップスのマエストロに、
28歳のぼくは
黄色いワーゲンに乗って
会いに行った。

MIDNIGHT
DIAMON

大瀧詠一
ラッツ＆スター
山下達郎
今野雄二

同じ〝はっぴいえんど〟のひとりだった大瀧詠一さんには、一九七九年夏に発売になった「LA VIE」第三号の音楽ページに「夏の日の桃太郎」という原稿を書いてもらった。

原稿の依頼に、梅雨空の下の中央高速を、黄色いワーゲンを飛ばして福生《ふつさ》まで行った。蒸し暑い日だった。

大瀧さんのお住まいは、アメリカンハウスとか米軍ハウスといった名前で呼ばれる、もともと横田基地に駐留する軍人の家族用に建てられた、白いペンキで全体が塗られた平屋の一戸建てだった。そんな米軍ハウスが並んでいるあたりは、日本ではないような街並に見える。壁に書かれた数字をたよりに大瀧さんの家を探した。

玄関先に立つと、ドアが開いていた。「ごめんください」と声をかけると、のそりとした感じで、ジーンズに白いタンクトップを着た大瀧さんが出てきた。そして、「どうして、オレのこと知ってるの?」と、開口一番、表情も変えずに、ぼそっと言った。

ぼくは、質問に面食らって、答えにつまった。

「大瀧さんは有名ですから、誰でも知ってますよ」と、口ごもりながら答えた。

「もう、みんな、ぼくのことなんて、忘れちゃってるよ」と、大瀧さんはぼそぼそ声で言って、ソファを指差した。

「まあ、座って」

ドアを入ったところに置いてある大きなソファの右側、ドアに近い側に、ぼくを座らせ、大瀧さんは左端に腰をおろした。そして、ふーむ、と唸《うな》ったまま、ぼくが持っていった「ＬＡ　ＶＩＥ」のページをぱらぱらとめくりはじめた。そして、しばらくしてから、

「もう、ずっと、人に会ってないなあ」と、またぼそりとした声で言った。「久しぶりだな、人と会うのも」

まだ、一度もぼくと視線をあわせないままだった。

ずっと人に会っていないから、どうなのだろう？　と、大瀧さんが言った言葉の先を、ぼくは、ソファの隣に置いてあるマッサージ機を眺めながら考えていた、銭湯に置いてあるような本格的なマシンだった。二本のアームが、背もたれの部分から出ていて、椅子《いす》全部に茶色のレザーが張られている。アームの先端には、握り拳みたいな

ゴム製のローラーがついていた。

マッサージ機にそそがれたぼくの視線に気づいた大瀧さんが、恥ずかしそうな顔をした。そして、

「何、書けばいいの？　オレ」と、ページに目を落としたまま訊いた。

「お好きなことを、書いてください。いま考えてることとか。音楽ページなので、音楽のことがいいと思いますけど」

「そりゃ、そうだよね」

ぼくは緊張しているし、大瀧さんは人見知りなのか、ぼくを怪しんでいるのか、ともかく話が弾まず、かなり気づまりな空気だった。

そのころの大瀧詠一さんは、コロムビアレコードとの契約が前年で切れ、新作を発表できない期間だったと後で知った。二〇〇一年に書かれた年譜によると、そのときに、伝説的なハウススタジオ〝福生45スタジオ〟の機材も売り払ってしまったらしい。

「写真、撮らせていただいていいですか」と、ぼくが訊くと、

「写真まで、撮るんだ」と、ぼくが鞄から取り出したカメラを一瞥《いちべつ》して、大瀧さんが言った。

大瀧さんの後ろを歩きながら、ブランコや鉄棒や砂場などがある、小さな公園というか、広場のようなところへ行き、そこで十カットくらいをフィルムに収めた。伝説

の〝福生45スタジオ〟で写真が撮れると密かに期待していたぼくは、ちょっと淋《さび》しい気持ちになった。

福生滞在時間は、とても長く感じたけれど、せいぜい四十五分くらいだった気がする。

そんなこころの動きを見透かしたように、ぼくが黄色いワーゲンに乗り込むと、「原稿は、締め切りまでには送るから心配しなくてもいいよ」と、大瀧さんは、手を膝のあたりにつき、運転席の高さに腰をかがめて、ダッシュボードのスピードメーターを見ながら言った。「来てくれて、ありがとう。たまに、人に会うのも面白いよ」

福生訪問から四年後、一九八三年、大瀧さんと再会した。

今度は、プロデューサーと作詞家という関係になっていた。シャネルズがラッツ&スターと名前を変えて、初のアルバム『SOUL VACATION』のプロデュースを大瀧さんがしたときだ。

『SOUL VACATION』の最初の打ち合わせのとき、大瀧さんは、ご自分が書かれた「ナイアガラ・サマー、夏の日の桃太郎」が掲載された「L A V I E」を持ってきてくださった。そして、

「それ、よかったら、持っていって、家にはまだ同じものがあるから」と言った。

「『夏の日の桃太郎』は、結局、大瀧さんだったですね」とぼくは言った。

大瀧さんが一九八一年に発表した、『A LONG VACATION』は記録的な大ヒットアルバムになり、ロングセラーを続けていた。そのことをさして、ぼくは「夏の日の桃太郎」と言ったわけだ。

「なんか、そうだったみたいね」と大瀧さんは、笑いながら言った。

「果たして、夏の日の桃太郎は、誰でしょう?」という最後の一行で終わる「ナイアガラ・サマー、夏の日の桃太郎」のテーマは、簡単に言うと、日本では夏のヒットソングというものがないが、いつの日かかならず日本の音楽の河を流れてくる、サマーヒットという大きな桃の中から出てくるのは、どんなアーティストだろう? という問いかけだった。

「LA VIE」の読者で、あの原稿を読んだ人は、きっと驚いたに違いないけれど、ともかくいちばん驚いたのは、ぼくだと思う。なんだか、大袈裟《おおげさ》に言うと、預言者から神託を聞いたみたいな気分だった。

「ぼくは、あなたが、詞を書きはじめたころから、注目していたんだよ」と大瀧さんは、打ち合わせが終わった会議室でそう言った。

「本当に、知ってたんですか?」とぼくが訊くと、

「最初は、河合夕子だろ。もう、そのときから知ってるよ。そりゃ、なんだって、オ

レは、見てるんだよ」と、機嫌よさそうに言った。

「あれ、大瀧さんのノヴェルティソングなんかの影響を、露骨に受けてますからね」

と、ぼくが言うと、照れくさかったのか、何も聞こえなかったみたいに、

「ぼくは、これから出てくる作詞家のダークホースに、あなたの名前をあげて、みんなにファックスを回したんだ。嘘だと思ったら、訊いてごらん」

みんなとは、大瀧ファミリーである、通称ナイアガラ・ファミリーのことだ。メールのない時代で、ナイアガラ一家のファクシミリ通信は、音楽業界ではわりと有名な存在だった。

ぼくは、相変わらず、大瀧さんの前ではおしゃべりではなかったけれど、うれしくて幸福な気分を、その日一日、味わい続けた。

家に帰って、「夏の日の桃太郎」を読み返そうと、大瀧さんから頂いた「LA VIE」のページを開いたら、誤字や脱字が赤いボールペンで訂正してあった。

「果たして、夏の日の桃太郎は、誰でしょう?」という最後の一行を読みながら、それは『A LONG VACATION』の出現を予言したというより、着々と準備をしていて、次の夏には行きますよ、という、韜晦《とうかい》に満ちた宣戦布告みたいなものだったのではないかと思った。

初対面の大瀧詠一さんが無口だったのは、もちろん基本的に人見知りということもあるけれど、人を観察して把握し、「ひと言でいうと××」といった具合に、ひと筆書きのように描写する習性があったせいだった気もする。ひと筆書きができないうちは、安心できないのだと、そう思ったこともあった。

一九九〇年代に入ってからは、大瀧さんと交流する機会が多くなった。

FM福岡で三年間続いた『マツハヤ・リアル・リゾート』という、月ごとにゲストを呼んで対談する、毎週一時間の番組のホスト役をやっていたとき、毎年七月は、ゲストが大瀧詠一さんと決まっていた——大瀧さんの誕生日が七月二十八日だから、という理由だった。そのときは、もう誰にも止められないくらいの饒舌《じょうぜつ》さで、初対面の大瀧さんはもうどこにもいなかった。

「シングル曲を年に一曲、ラジオに出るのは山下達郎との新春放談と、この『マツハヤ・リアル・リゾート』、それに、BSのプロ野球中継の副音声、仕事はそれだけと決めてます」と、何度か言っていた。

ぼくの方も、大瀧さんに普通に口をきけるようになったころ、何度か、大瀧さんと、ぼくのマネージャーの塚田厚子さんと三人で、歌舞伎や能に出かけることもあった。

塚田厚子さんは、身長一七〇センチメートルで、エキゾチックな顔立ちをしたスレンダーな美人で、歌舞伎界や能の世界に仲の良い友人が複数いて、ぼくのまわりで、つまり音楽業界で、古典芸能の伝道師的な役割を果たしていた。ぼくが歌舞伎に毎月通うようになったのも彼女のお陰だし、市川右近さんを紹介してくれたのも、塚田さんだった。

大瀧詠一さんとは、夜中に長電話する仲だと、彼女は自慢するように言っていたけれど、その真偽はともかくとして、大瀧さんが歌舞伎や能に時々通うようになったのは、たしかに塚田さんの案内があったからだ。

で、ある夏の夜。市川右近さんが主役を演じたスーパー歌舞伎を観た帰りに、赤坂のキャピトル東急ホテルのコーヒーハウス、オリガミで食事をしながら、「どんな女性が好きなの、タイプとしては?」なんて、不意に聞かれたことがあった。

大瀧さんはナシゴレン、塚田さんは排骨拉麵《パーコーメン》、ぼくはサーモン・ステーキを食べ終え、デザートのメニューを眺めていたところだった。

「そうですね、昔は、真山知子でしたね」と、ぼくは答えた。

「お、あの、かみさんね」

「そうそう、あのかみさん」

真山知子さんは、六〇年代七〇年代によく東映や大映の映画に出ていた、独特の濃密なムードをもった女優で、蜷川幸雄さんと結婚した人だ。

「綺麗な女が好き、ってわけじゃないんだ」と、大瀧さん。

「真山知子のことは、綺麗だって思ってましたよ」と、ぼく。

「いや、他人のかみさんのことは、もうどうだっていいのよ」と、大瀧さんは笑って言った。

「綺麗な女は好きですよ、でも、綺麗じゃないのも、好き、ってことじゃないのかな」と、ぼくは言った。

「美女は好き、だけど、美女じゃなくても、好き」と、大瀧さんが冗談ぽい目をして、言葉を変えて繰り返した。

「それは、ただの好色ってやつですね」

「いや、そうじゃないんだって。だって、女だったら誰でもいいってわけじゃないだろ?」

「そうです、真山知子ですから」

「だから、あのかみさん」

「はい、真山知子」

「ははん、わかった。これだな。きみのことは、ぜんぶ、いまので、わかった。真山知子でわかったよ。つかめたよ」

「真山知子で?」

「そう、あのかみさんでわかった」

「どうわかったんですか？」

「だから、坂本と、ピッタリくるんだな、やっと、わかったよ」

ちょうど、坂本龍一さんと、GEISHA GIRLSや中谷美紀さん、それから坂本さん自身の歌詞を書いていたころだ。

「あ、坂本さんも、綺麗な女だけが好きなわけじゃないと」

「そこまでは知らないけどさ。まあ、簡単にひと言でいうと、それ、サイケってことなんだよ」

「サイケ？」

「そ、サイケデリック」

「そういうことですかね」

「それだよ、それしか、ないだろ。おサイケなんだよ、ふたりとも」

このときの大瀧さんの言葉をよく思い出す。サイケデリックとは、ぶっ飛んでいるといったくらいの意味なのだろうか。

大瀧さんとはオカルトについては、一度も話したことがなかったけれど、

「魑魅魍魎《ちみもうりょう》が、あのときは、どっとあふれ出してきたな」

「この世は、うようよ、魑魅魍魎だらけだよ」

と、つぶやいたのを二回聞いたことがあった。どういうことですか？　と訊かなかったけれど、比喩《ひゆ》的な意味ではなかった気がした。この言葉もよく思い出す。

大瀧詠一さんは、二〇一三年十二月三十日に亡くなった。

「オレ、なんでもわかっちゃうから、自分が死ぬ日もわかるんじゃないかな？」

『マツハヤ・リアル・リゾート』の収録の帰り、塚田厚子さんとソニーレコードのディレクターと、四人で立ち寄った、恵比寿の和食の店の個室で、誰に言うのでもなくぽつりと言っていた姿が、印象が強かったせいで、二十年くらい経ったいまでも、昨日のことのように思い出すことができる。


大瀧詠一さんからの連想で、山下達郎さんのことを思い出した。大学を卒業してすぐに就職した萬年社という広告会社で、まだシュガー・ベイブ時代の山下さんに、ロッテ製菓のテレビコマーシャルの音楽を頼んだことがある。

といっても、ぼくはまだ駆け出しのコピーライターで、企画には参加させてもらえず、コピーを書くだけで、コマーシャル・フィルムのプランニングは、高木敏行さんというぼくのボスがやっていた。

ぼくは、アシスタントみたいなものだったけれど、なぜだか、コマーシャル音楽制作会社の人が、山下達郎さんを売り込みに来た、その日のことから、録音の日まで、すべての行程を、こと細かに憶《おぼ》えている。それくらい、山下達郎さんのインパクトは凄まじかった。

売り込みに来た人の名前は忘れてしまったが（自分の記憶力を自慢しておきながら、この人の名前だけが思い出せないのは、たぶんこの人のことがあまり好きではなかったのだろう）、京都大学中退という触れ込みで、代理店のプロデューサーたちと付き合っている、がっしりとした柔道家のような体型をした、小柄な二十代半ばの男だった。ほとんどぼくと歳の差がないように見えた。

しかし、ぼくのような入社二年目の青二才にも、学歴詐称だとばれているのだから、かなりお粗末な男なのだけれど、この人がある日、

「まだ誰も知らない、大天才がいるんです！　ともかく聴いてください！　こんな男、どこにもいないから！」

と、興奮ぎみに、ぼくのボスに説明していた。傍らのデスクに座って聞いていたら、ボスが、

「売野くん、知ってる？　この若き大天才。えーと、名前はね」

「山下達郎！」と、京都大学は胸を張って答えた。

「知ってますよ、シュガー・ベイブの人ですよね」とぼくが言ったら、京都大学は、どうもヘソを曲げちゃったらしくて、それ以来、ぼくと一度も口をきいてくれなくな

った。

それから、二ヶ月と経たないうちに、ロッテのヤンシーという、ラムネみたいなお菓子のテレビコマーシャルのプレゼンテーションが通った。ボスの高木さんも、ずっと山下達郎さんが気にかかっていたらしくて、「山下くんで行くよ」と、京都大学に音楽制作の手配を頼み、ライ&パートナーズという制作プロダクションの、堀さんという若くて知的な顔をしたCFディレクターが監督した撮影が終了すると同時に、音楽の制作に入った。レコーディングスタジオは、銀座にできたばかりの音響ハウスだった。

ぼくは制作チームのいちばん下っ端だったので、もちろん山下達郎さんとは口をきくこともなかった。プロのミュージシャンを間近で見るのは初めてだった。ムスっと黙ったまま、誰とも口をきかず、ひとり黙々と、多重録音を何度も繰り返す山下さんの生態を、ガラスのこちら側から観察しているような気分だった。

このラムネ菓子の、スーとする清涼感を表現するというのが、もともとの企画の骨子だったので、音楽もそれにあわせて山下さんのア・カペラで行くことになったのだ。

ぼくは、モニターのスピーカーから流れてくる、その美しい声をいつまでも聴いていたい気持ちになった。そして、たった三十秒のために注がれる膨大なエネルギーと才能に、気が遠くなりそうな気持ちを味わった。

達郎さんと会ったのは、それが初めてではなくて、実は二度目だった。

ぼくは大学でFUNKという八ミリ映画を撮る映画クラブをつくって、アメリカンフットボールの練習の合間に、ささやかに活動していた。メンバーは三人しかいなかった。売野と中村と加藤なので、三人のイニシャルを並べ、その頭にフィルムのFをつけたものが、グループの名前になった。上智大学の卒業アルバムには、映像工房FUNKとして、三人が小さなチャペルの前で写した写真が載っているけれど、三人のうちの中村幸夫くんだけは、上智ではなくて中央大学の哲学科の学生だった。

その中村幸夫くんが、いまから思うとすごいことなんだけれど、シュガー・ベイブに惚れ込んで、彼らのプロモーションフィルムを八ミリカメラで撮影していたのだ。

そのころには、三人とも大学を卒業していて、ぼくは代理店、他のふたりは俳優のマネージメントをする事務所に就職していた。

中村くんは、会社の休みのときにシュガー・ベイブを追いかけて、こつこつと彼らの活動をフィルムに収めていた。おそらく、『ビートルズがやって来るヤァ！ヤァ！ヤァ！』のリチャード・レスターを意識していたのだろう。少しだけ見せてもらったフィルムにはリチャード・レスターの影が、くっきりと映っていた。

中村くんがそんな映画を撮影していることは、まるで知らなかったが、一九七三年十一月のある日、どうしても人手が必要だったのだろう、撮影を手伝ってくれと言われて、もうひとりのＦＵＮＫのメンバー加藤正志くんとつれだって、埼玉県新座《にいざ》市の跡見学園女子大学まで行ったことがある。シュガー・ベイブのコンサートが、学園祭の催しのひとつとして、学園の講堂で開かれたのだ。

コンサートの最中はもちろん、コンサート終了後も、学園のキャンパスで撮影が続いた。だんだん日が暮れてくる中で、山下達郎さんや大貫妙子さん、村松邦男さんなどメンバーの人たちに馬跳びをさせたり、子供のような遊びをさせたり、かなりはらはらするようなことをやってもらっていた。ぼくと加藤くんは手製のかなり粗末なレフを持たされたまま、中村くんが撮影するのを眺めていた。

あの八ミリフィルムは、それなりの価値がある、とても貴重な記録だと思うけれど、中村くんが編集を終えて完成させたという話は聞いたことがないから、無編集のままどこかに眠っているのだろうか。

その撮影現場に、彼らのマネージャーだった長門芳郎さんがいたはずだが、挨拶をした記憶はまるでない。

ただ、いちばん音楽に詳しかった中村くんが、しばらく経ってから、パイドパイパーハウスを始めた長門さんのことを話してくれた。彼は、そのマニアックなレコードショップの常連みたいだった。そういえば、学生時代、渋谷道玄坂のロック喫茶、ブラック・ホークも彼に連れられて通いはじめるようになった気がする。

「LA VIE」のレギュラー執筆者を考えているときに、長門さんの名前が頭をかすめたこともあった。とても興味があったからだ。映画のページは今野雄二さん、ファッションは原由美子さん、スポーツのコラムは大学のアメフト部の後輩で共同通信のスポーツ記者大山正和さん、と決めたが、音楽はミュージシャンが書いた方が面白い気がして、毎回違った人に寄稿してもらおうと考えたのだ。

それでも、いつかはこのページに長門芳郎さんに書いてもらいたかった。ラヴィン・スプーンフルや、ビーチ・ボーイズをはじめ、音楽について書いた文章からあふれる愛情と、それから、伝わってくる人柄のピースフルな感じが好きだった。それで、第五号の音楽のコラムは長門さんと決めて、スガヌマ社長に頼んで、ってをたどって長門さんを訪ねていった。

事務所は六本木にあった。たしかフランスベッドのショールームが一階にあるマンションの、最上階に近いフロアだった。

「いらっしゃい、初めまして、ナガトです」と、満面の笑みという感じで、ニコニコしながら、本人がドアを開けて出迎えてくれた。洗いざらしのブルーのダンガリーシャツにジーンズというかっこうが、実に清潔感にあふれて見えた。ダンガリーシャツからのぞくTシャツも、気持ちがいいほど真っ白だった。何かいいことが起こりそうな、さわやかな気分の午後三時だった。

通されたのは、中央に大きなテーブルがある、十畳くらいの会議室のような部屋で、肘掛けのついた革張りの椅子が六脚、テーブルを囲んでいる。壁にはきれいな木目の板が貼ってあり、落ち着いたあたたかい色合いのチェリー材のようだ。そして、窓際に大きなJBLのスピーカーが置いてある。部屋全体がほの暗くて、どこか品のいい書斎のようにも思えた。

「いきなり知らない人と、偶然に、こういう出逢いができる時間の余裕がある生活が、ぼくは好きなんだ」と、人なつこそうな笑顔でナガトさんが言った。「あたらしい出逢いがないと、何も始まらないじゃない、ね、そうだろ？　そう思わない？」

「そうですね」と、ぼくは相づちをうち、持ってきた雑誌を手渡し、「LA VIE」の説明を始めた。ぼくは、すでにナガトさんにこころをつかまれている感じだった。

ひと通り雑誌の説明をしている間、ナガトさんは、「LA VIE」のページを何度も行ったり来たりしながら、ふむふむとうなずいていた。

こっちは、こころを開く準備がすっかりできているので、ぼくの本当の身分も明かした。

ナガトさんは、そんなことには、ほとんど興味がなかったみたいで、

「この雑誌で、広告収入って、どれくらいあるの？」と、やさしそうな微笑《ほほえ》みを浮か

べながら、ぼくに訊いた。多少のためらいはあったけれど、ぼくは本当のことを答えた。

「やっぱり大変だね。軌道に乗るまでは、なんだってそうだよ。ぼくは作曲もやるし、編曲もできるし、詞も書いたりするんだ。ディレクターだってできるしね。なんでもやってみるんだ。最低どれかひとつくらいは、一流になれる気がするからね」

「ナガトさんにお願いしたいのは、この音楽ページなんですが、いかがですか？」と、ぼくは訊いた。「ラヴィン・スプーンフルとか、ビーチ・ボーイズとか、お好きなことを書いてくださったら、きっと、結果的に面白いものになると思います」

「ラヴィン・スプーンフルも、ビーチ・ボーイズももちろん好きだけど、他に書きたいこともあるんだよね」と、ナガトさんは、立ち上がりながら言った。「ね、ぼくが、最近つくってるもの、聴いてみる？」

「はい、ぜひ」

ナガトさんは、キャビネットから十枚くらいのドーナツ盤を出して、ターンテーブルを回した。聴いたことがないような歌が流れてきた。

「最近、ディスコを研究してるんだよ」

ナガトさんは、もうがまんできないといった切羽詰まった感じで、そう言った。告白するみたいな口調だった。

「ディスコですか⁉」ぼくは、びっくりして言った。「でも、なんで、ディスコなんですか？」

たしかに、ビーチ・ボーイズにも「ダンス・ダンス・ダンス」があるくらいだから、驚くこともないのかもしれない。

「ダンスものは、ヒットの確率が高いんだよ、ほら、こんなのも、こんなのも、つくっちゃってるのよ」と、語尾に変わったニュアンスをこめてナガトさんは言って、レコードジャケットをテーブルの上に広げて見せてくれた。

ぼくは、首をひねりたくなるのをこらえながら、ジャケットを手に取ってみた。

「はははは、この、デザインも、オレ」

ナガトさんは、人差し指で鼻の頭をさしながら、上機嫌そうに笑って言った。

「デザインまで！」

「そう、何から何まで、なんでも、やるんだ」

ぼくの目の前にあるのは、ラヴィン・スプーンフルでも、ビーチ・ボーイズでもなく、「ディスコ・ドラキュラ」とか、「ディスコ・モンスター」とか、いわゆる企画ものと呼ばれる、色物レコードだった。歌手の名前も知らなかった。

もしかして、これって、人違い？

そう思った。あのマニアックなパイドパイパーハウスの長門芳郎さんが、いくらなんでも「ディスコ・ドラキュラ」はないだろう。

どこで、間違ったのだろう?

スガヌマ社長に、「初代シュガー・ベイブのマネージャーだった、長門芳郎さんに原稿をお願いしたいのですけど、どなたかお知り合いの方、知りませんか?」と、数日前に頼んだのだ。そうしたら、数時間前に編集部へ顔を出したとき、「お昼前にアポロン音楽の人から紹介してもらったよ」と、スガヌマ社長から電話番号を書いたメモを渡された。それで、すぐにナガトさんに電話すると、「ちょうどいまなら時間があるから、来てくれないか」と、住所を教えられたのだ。

「ナガトさん、いらっしゃいますか?」電話では、普通、下の名前までは言わないから、ぼくはそう言ったはずだ。

「はい、ナガトです」と、こちらのナガトさんは、当然そう答えるだろう。

ぼくは、人違いだったからといって、原稿の依頼をやめようとは思わなかった。多分、ナガトさんが、話は面白いし、気さくで憎めない性格だったからだと思う。よく考えたら、ちょっと変わってるけれど、かなりチャーミングな男だ。

ナガトさんの方も、途中で人違いと気がついたのかもしれない。もしかしたら、電話がかかってきたときに。でも、そういう偶然を逃したくなかったのかもしれないとも思う。

　ぼくは、なんと言おうか迷ったが、言い繕うのもかっこ悪いので、正直に、パイドパイパーハウスの長門芳郎さんと間違ってました、と謝った。すると、ナガトさんは、「そんなの、気にすることないよ、偶然ってのは意味があるんだよ。きみと、こんなかたちで出逢ったことにも、意味があるんだ。ぼくは、そう信じてるから、電車で、偶然、何度も出逢うやつなんか、絶対、会社に入れてしまうからね。その偶然には、何かある、って考えるタイプなんだよ」

「じゃ、ぼくも、ナガトさんの会社に入れてくれるんですか?」と言った。もちろん、冗談だ。すると、

「そうだな、一回じゃ、だめだよ。二回、三回と、偶然が重ならなくちゃ。運命を一緒にするやつはね」とナガトさんが言った。

「Do you believe in magic? って、こういうときに使ってほしいよな。そう思うだろ?」

「たしかに」と、ぼくは答えた。「ね、ナガトさん、さっきのダンスミュージックの話、面白かったから、ぜひ書いてくださいますか」と、図々しく原稿を頼んだ。

「もちろん、楽しい午後を過ごせたからね。どうもありがとう。だから、原稿料なんていらないよ」とナガトさんは言った。

「お気持ちはうれしいですけど、お支払いさせていただきます」とぼくが言うと、

「偶然から、オカネをもらっちゃ、いけないいんだよ。ぼくには近江商人の血が流れて

るけど、そういうことだけは、きっちり守ってるんだ」と、男らしい口調になって言った。

そして、ニコニコしながら、名刺をぼくに差し出した。

「また、偶然、どこかで」

名刺には、「ビーイング　長戸大幸」とあった。

そして、ほぼ一年後、ＥＰＩＣ・ソニーから発売されたＷＨＹというバンドのシングル盤が、素晴らしいメロディと声だったので、ソニーのＴＲＩＺＹというカセットデッキのコマーシャルソングとして、歌詞の一部に商品名を歌い込んで、その上で、ソニーにプレゼンテーションをさせてくれないかと頼んだところ、スタジオにＷＨＹのリードヴォーカル織田哲郎さんと一緒に現れた事務所の社長が、長戸大幸さんだった。

　さらに、一九八二年、ＣＢＳ・ソニーの酒井政利プロデューサーに呼ばれて、赤坂の料亭に行くと、その席に長戸大幸さんがいて、美味《おい》しい昼食をご馳走になりながら、沖田浩之さんのアルバム全曲をふたりで書くように言われた。

　そのときの、シングル「とりあえずボディ・トーク」が八二年の十二月に、アルバム『BODY TALK』が八三年の二月に発売された。

それから数年の後、あのニコニコ笑顔のナガトさんは、デビューさせるアーティストが全員売れたのではないかと思えるほど、大ヒットシングルとアルバムを量産するモンスターみたいなプロデューサーになっていた。

織田哲郎をはじめ、大黒摩季、ZARD、TUBE、B'z、WANDS、T-BOLAN、Mi-Ke、B.B.クィーンズなどのプロデュースで、日本で初めてプロデューサーの時代を拓いたといわれる人になっていた。

ナガトさんは本当に、ディスク・ドラキュラに、ディスク・モンスターになってしまったのだ。

第四章

2億4千万の瞳

井上大輔
井上洋子
湯川れい子
鈴木雅之

作曲家は
「どうしても麻生麗二を探してこい」
と言った。
ぼくの作詞家生活は、
そんな風にして本格的にスタートした。

ぼくの正式なデビュー作は、麻生麗二名義で書いた、一九八一年三月二十一日発売のシャネルズのセカンドアルバム『Heart & Soul』に収録されている「星くずのダンス・ホール」と「スマイル・フォー・ミー」だけれど、書いた時期は河合夕子さんの『リトル・トウキョウ』に収められた作品の方が早い。どちらも、ディレクターは目黒育郎さんだ。

目黒さんは、河合夕子さんのアルバムを作る一方で、同時進行でシャネルズのニューアルバムの制作もしていた。

河合夕子さんの作詞の作業もそろそろ終わるころ、目黒育郎さんから、「シャネルズも手伝ってくれないかな？」と言われ、「はい、もちろんです」と答えて、憧れのシャネルズに詞を書くことになった。一九八〇年十一月のことだ。

ぼくには、びっくりしたり感激したりすると、感情を逆に押さえ込もうとする力が、必要以上に働いてしまう傾向があるから、多分、ぼくは、とてもクールに「はい、もちろんです」と言った気がする。でも、これには、感激したなあ。正直、うれしくてたまらなかった。目黒さんに抱きつきたいくらいの気分だった。そんな展開になると予想もしていなかったから、ぼくは、よろこびのあまり、卒倒しそうだったのだ。もしかしたら、初めて目黒さんから、詞を書いてみないかと言われたときよりうれしかったようにも思う。

「ランナウェイ」、「トゥナイト」と、名曲ばかりをヒットチャートに送り込む、かっこいいこのドゥワップ・グループを見ながら、ぼくは、井上大輔さん、湯川れい子さんをはじめとしたスタッフも含めて、なんて素敵なチームなんだろうとため息の出る想いで、いつもシャネルズを眺めていた。しかし、なんといっても、鈴木雅之さんのあの声が大好きだった。

この魅力的なチームの一員としてシャネルズを手伝うことになったある日、神宮球場近くのレストランで開かれた、ごく内輪のパーティに呼ばれた。コンサートの打ち上げか、誰かの誕生祝いだったか忘れてしまったけれど、目黒さんとメンバーの他に、EPIC・ソニーの宣伝の人や、制作部の目黒さんたちディレクターの、素晴らしくチャーミングな秘書の女性たち、そして作詞家の湯川れい子さんがいた。

目黒さんは、鈴木雅之さんにぼくを引き合わせようと呼んでくれたのだけど、何かの都合で鈴木さんが来られなくなり、ぼくは、ずっと湯川れい子さんと、その店のカウンターの黄色いスツールに座って話すことになった。

一階のお店だったので、窓から水銀灯に照らされた、神宮外苑の街路樹が見えた。そのレストランのネオンサインがオレンジ色だったのか、目の前の鋪道にオレンジの影が流れているように映っていた。

鈴木雅之さんと会うのは楽しみだったけれど、反面、恐れというのではないけれど、億劫《おっくう》に思う気持ちもあって、半分はほっとした。

ぼくがまだ学生のころ、一九七〇年代の初め、湯川れい子さんがＴＢＳラジオの深夜に近い時間にＤＪをやっていて、その声やしゃべり方や話す内容がカッコよくて、なんてかっこいい女の人なんだと思ったことがあった。ぼくが、そんな事実をそのまま話したら、

「そんなこと、ないわよ」と、彼女は言った。

ぼくは、そんなつもりはないのに、自分がお世辞を言ったみたいな、ちょっと嫌な気持ちになりながら、まるで挽回でもするかのように（あるいは汚名を雪《そそ》ぐみたいに）湯川さんが「ニューミュージック・マガジン」のレコード評にフィービー・スノウについて書いていた内容を突然思い出して、その文章の一部を話したら、湯川さんにすごく驚かれた。

一九七五年あたりに発表されたアルバム評だった。彼女自身も忘れているような、そんな文章を憶《おぼ》えているやつがいるなんて、想像もしてなかったと思う。ぼくも、自分の記憶の中に、湯川さんのポエジーが刻まれているなんて、ついさっきまでは知らずにいた。

そこには、ニューヨークの冬の風物詩であるマンホールから立ち上る真っ白な湯気を引き合いにだして、フィービー・スノウの歌が、ただただ淋《さび》しさに泣きたくなるニューヨークの冬のようだ、といったことが書いてあった。本当に詩のようだった。

そうしたら、雰囲気がいままでとがらりと変わりはじめ、なんだか、口説いてるみたいになっちゃって、ちょっと困ったなと思っていたら、湯川さんは酔っていたのだろう、離れた席にいた目黒さんを手招きして、

「ねえ、この人、何よ、何者なの?」と、ちょっと機嫌よさそうな声で言った。

「今度、作品作りを、手伝ってもらうことになったんです」と、目黒さんが微笑《わら》った。すると、湯川れい子さんが、「そうなの?」とライバルをみるような目になって、言った。ぜんぜんライバルなんかじゃないよ、と、ぼくはこころでつぶやいただけで、にこにこしながら「はい」と、答えてから、自分が矢鱈《やたら》感じのいい青年みたいに思えて恥ずかしいような気分まで味わった。

記憶が正しければ、このとき、なぜだか、カウンターの中にいて料理や飲みものを

サーヴするのを手伝っていた、シャネルズのメンバーの佐藤善雄さんと目があって、一瞬、何かの感情を分かち合ったように憶えている。

鈴木雅之さんと田代まさしさんには、ＥＰＩＣ・ソニーのアーティストルームで初めて対面した。第一回目の企画会議みたいなものだ。

普通の会議室と違って、全体の色がベージュとグレーで構成されている、ちょっとお金持ちの家の応接間といった雰囲気の部屋で、広さはだいたい十四畳くらい。ゴムの木だったか、背の高い鉢植えの観葉植物があり、あまり色気のない黒いキャビネットに収まった、ソニーのステレオコンポーネントがあった。

そのアーティストルームに、ふたりが緊張した面持ちで入ってきたのが意外だった。広告や宣伝用に撮られた写真とは違って、礼儀正しい青年という感じだ。ユニフォームみたいに、ふたりとも黒い革ジャンとジーンズだった。鈴木さんはいつも通りのサングラス。田代さんは黒ぶちのメガネをかけていた。

「何曲か作詞もお願いしようと思ってるけど、ただ作詞するだけじゃなくて、せっかくコピーライターに参加してもらうので、普通の発想とは違うポイントから、曲ごとの企画っていうのかな、アイディアとかも出してもらえると思うんだ」と、目黒育郎さんが、主にメンバーのふたりに向かって言った。「シャネルズの詞は、普通の作詞家には書けないものじゃなくちゃいけないんだよ。普通の作詞家が、普通に書けちゃうような詞だと、シャネルズらしくないというか、面白くないからさ。だから、コピーライター的な発想が必要なんですよ」と、最後のところは、ぼくに向かって言った。

まさにコピーライターにスポットライトが当たりはじめたころだ。それにしても、こんな風に、個人的な魂の営みである詩とは反対側に、作詞を位置づける発想をした目黒さんは、八〇年代を切り開いた典型的な音楽プロデューサーのひとりに違いない。後々、目黒育郎さんはソニー・ミュージックレコーズの社長にまで上りつめ、多くのヒット曲を世に送り出すことになる。

勢いのいい時代のせいもあったかもしれないけれど、このころは、誰ひとりとして、自分がやがて五十歳になり六十歳になるなんて、とうていイメージすることができなかった。四十歳になることだって信じられなかったのだから。

「どんなアルバムにしようとしているんですか？」

ぼくは、目黒さんとメンバーと両方を見ながら訊いた。

「オレたちの生活感、喜怒哀楽、それが歌詞というポイントから見たら、最大のテーマだと思います」と鈴木雅之さんが言った。「音楽的なバックグラウンドとか方向性とかも、もちろん大きなテーマなんだけど、それは作曲やアレンジのテーマだから」

「普通の歌手の人たちと違うのは、コミカルなもの、笑っちゃうもの、そういう歌が歌えるってことだよね。だから、歌ごとにオチがあったり、クスっと笑える部分があったりするところが、彼らの強みですね」と目黒さんが言った。

それを受けて、田代さんが「これって漫画じゃんみたいな、そういうのも行けちゃうんだよね、オレたちなら自然に成立すると思うんだよね」

「でも、植木等までは、行かない、ってことですね」

とぼくが言うと、

「その度胸、ないすね」と田代さんが言って笑った。

「突然、関係ない質問ですけど、おいくつですか？」と鈴木雅之さんに訊かれた。

「二十九歳です」とぼくは答えた。「次の二月まで」

「五歳歳下かな、オレたち」と彼が言った。

それから、ギター一本で彼が歌った数曲のデモテープを聴いた。いい曲ばかりだった。

シャネルズの業界誌用のコピーに、ぼくは当時大ヒットした映画のタイトルをもじって、「蘇《よみがえ》る勤労意欲」と書いたことがあった。それを思い出しながら、

「シャネルズには、労働歌が必要じゃないですか？　必要というか、他の人はいま誰も歌えないから」とぼくが言うと、みんな怪訝《けげん》そうな顔をしたので、「前に、オリコンの広告に、蘇る勤労意欲、ってコピーあったじゃない、ああいうことなんだけど」

そう続けたが、反応があまりなかった。ぼくは言葉を変えた。労働歌という響きが誤解されたらしい。

「『コットン・フィールズ』、『バナナ・ボート』とかあるじゃない、綿摘みするときに歌う歌とか、バナナを運ぶときに合唱する歌とか、そういう意味のワークソング、労働歌」

「なんだ、そうか、ワークソングね、いいじゃない」と鈴木さん。

「労働組合の人が歌う、暗い感じの歌かと思っちゃった。『ああ、インターナショナル』みたいな」と、田代さんがおどけて言った。

で、労働歌には、M–1がぴったりじゃないか、という話になった。

そんな具合に話し合いながら、歌詞のテーマをディスカッションして、最終的にぼくが、企画書のように、それらの内容をスケッチ風にまとめて出すことになった。

この日は、三曲について話し合って、それぞれ、「夜明けのワーク・ソング」、「涙のテレフォン」、「ストリート・シンフォニー」というタイトルの歌になった。この三つの歌は、作詞は田代さんがやって、別の日に話しあわれたものは、佐藤善雄さんと桑野信義さんが作詞したりした。「夢見る16歳」がそれだ。全部で九曲のアイディアを提案したころには、ぼくは、もうすっかりスタッフの気分になっていた。

そして、「星くずのダンス・ホール」と、作曲が村松邦男さんの「スマイル・フォー・ミー」をぼく自身が書いた。

自分の歌詞が、鈴木雅之さんの声になると、言葉にこめられた感情が増幅されたように感じて、自分で書いたものの奥に、ひっそりと眠っていたエモーションがライトアップされたようになった。それがいちばん驚いたことだった。歌や歌手の秘密を垣《かい》間《ま》見る思いがした。

ペンネームを麻生麗二とした。好きだったロキシー・ミュージックのブライアン・フェリーのイメージを、漢字に翻訳したつもりの変名だった。ぼくのアイドルでもあった音楽評論家の今野雄二さんにもオマージュを捧げた。

そんな麻生麗二の名前で書いた詞が収められた、シャネルズのセカンドアルバム『Heart & Soul』が発表されてから、ひと月ほど経ったころ、東急インターの制作部の直通電話に、ぼく宛の電話がかかってきた。

「井上大輔のマネージャーの者ですが、一度お話をさせていただけますか？　そちらに伺います」とその人は言って、翌日、東急インターのビルの一階の喫茶店、パンプキンで会った。

石黒さんという、色白で背の高いスリムな体型の人だった。神経質そうだけれど、品がよくて、見るからにやさしそうな顔立ちをしていた。リーヴァイスのやや色落ちしたジーンズに白いワイシャツ。その上に、紺色の薄手のジャケットを羽織っていた。印象が地味なので、ちょっと落ち着いて見えるけど、ぼくと同い歳くらいかもしれない。

「井上が、どうしても、『星くずのダンス・ホール』を書いた麻生麗二を探してこいというものですから、がんばって探しました」と、石黒さんはアイスティをストローを使わずに飲んで言った。「来月から、井上が、新しいアルバムの制作に入るので、ぜひ麻生さんに何曲か書いていただきたいと言っておりまして、そのお願いにまいりました」

ありがちな軽薄さや卑屈さがみじんもない、とても落ち着いたトーンの声だった。

「もちろん、やらせていただきます」とぼくは言った。

「時間が、かかったんですよ、麻生さんにたどりつくまで」

「探してくれたんだ」

「ひと月」

「よく、あきらめませんでしたね」と、言ってから、言い方が他人事《ひとごと》のようだなと思った。

「なかなか、誰も、麻生さんのことを教えてくれなくて、困りました」

「それで、どうやって、ここがわかったの？」

「なかには、人のいい人も、口の軽い人もいますから」と言って、彼は悪戯《いたずら》っぽく笑った。

それ以上詮索《せんさく》はしなかったが、石黒さんは、「目黒さんの承諾はいただいてありますから、安心してください」と言った。

シャネルズの歌詞を読んで、井上大輔さんが気に入ってくれたことが、何よりもうれしかった。有頂天といってもいいくらいに。井上さんがシャネルズに書いた曲はどれも傑作揃いで、そんな作曲家が自分自身のアルバムのために、ぼくに書かせてくれるなんて、にわかに信じられない気持ちだった。しかも、シャネルズの歌詞カードの中にしか存在しない、麻生麗二をひと月も探してくれるなんて！

こういうことが人生で起こるんだ！　とぼくは静かに興奮していた。「面白いなぁー」と一度くらいは、声に出して言ったかもしれない。

数日後、六本木の俳優座近く、首都高速沿いのマンションの中にある井上さんの所属事務所、マッドキャップを訪ねた。２ＬＤＫの間取りで、真ん中の応接室を挟んで、右側が社長室、左がスタッフ用の部屋だった。石黒さんは、その作家マネージメント会社のチーフマネージャーだった。スタッフの部屋に、目の大きな可愛らしい顔をした女の人がいた。外部とのトラフィックを仕切るデスクの人だと紹介された。ひろ子さんというその人は、ぼくを見ると立ち上がって「お飲みものは、コーヒーでよろしいですか?」と訊いた。数分後、コーヒーのいい香りが応接室に届いた。

石黒さんに社長の斎藤正毅さんを紹介され、マッドキャップの成り立ちを説明されたりした。就職活動に来た学生にする、会社説明みたいだった。

斎藤さんは色黒の坊主頭の人で、ぴしっとした紺色のスーツを着ていた。コワモテで声も大きいし、苦手なタイプだった。しかし、例えはちょっと悪いけれど、陽気な詐欺師のようにおしゃべりが上手で面白く、ついついそのスピード感のある話に引き込まれた。人を引きつけて離さない術を、生まれつき持っているみたいだった。いかつい顔が、笑うといきなり崩れて、赤ちゃんのような顔になった。作家だけを抱えて商売している事務所があることも知らなかったから、ぼくはとても興味深く聞いた。

放送作家や作詞家作曲家のマネージメントから出発し、いまではテレビ番組の制作会社としてもトップクラスになったオフィス・トゥー・ワンという、かつて放送作家だった作詞家の阿久悠さんと、社長の海老名俊則さんがつくった会社がある。斎藤さんはここから独立し、井上大輔さんと一緒にやっているみたいだった。

「マッドキャップは、阿久さんも株主だし、オフィス・トゥー・ワンの子会社みたいなもんだよ」と、斎藤さんが言った。

所属している作家は、井上さんの他に、沢田研二さんのヒット曲を何曲も書いた大野克夫さん、NHKの歌番組『ステージ101』出身の惣領泰則さんや芹澤廣明さん、かつて六文銭にいたフォークシンガーの及川恒平さんなどがいた。

「契約している作家は、もっといっぱいいるんだよ」と、斎藤さんは、机の引き出しからファイルを取り出して、十数名の作家やシンガーソングライターの中から、誰でも知っている人の名前を選んで教えてくれた。作詞家の森雪之丞さんや岡田冨美子さんも、数年前まで在籍していたと最後に言った。

「いい作品、期待してます」と、言い残して外出していった斎藤さんと入れ違いに、井上さんのアルバムの制作ディレクター、萩原暁さんがやってきた。急いできたのか、額から汗が流れていた。小さな水色のハンドタオルで汗をふいて、「すみませーん、おそくなりまして」と大きな声で言った。分厚い革でできている茶色のショルダーバッグを、ストラップを肩にかけずに、手に持っていた。空色っぽいジーンズの上は、だぶだぶのラコステのピンクのポロシャツだ。

萩原さんは、クリスタルキングのミリオンセラー「大都会」や、デビュー曲「完全無欠のロックンローラー」を大ヒットさせたアラジン、それから、ツイストなどヤマハのアーティストを数多く手掛けている、ミュージシャン出身の有名なプロデューサーで、マッドキャップの役員もやっていると、前回、石黒さんから聞いた。

萩原暁さんと石黒さんとぼくの三人で、井上大輔さんの新曲の打ち合わせが始まった。ニューアルバムの制作は、すでに何曲かデモテープがあがっていて、とりあえず二曲をお願いしますと、萩原さんに言われた。

「どんなものを、書けばいいですか？」と訊くと、

「いい詞だったら、はいはい、どんなんでもいいんですけど」と、「どん」のところに強いアクセントをつけて、そう言ってから、萩原さんは、鳥の鳴き声みたいな高い声を出して笑った。

「ストーリーがあればね、それがいちばんいいと思いますけどね、言葉数が少ないので、そうもいかないかもしれないですね、はいはい、だから、情景が見えること、それから、はい、大人っぽい詞がいいと思いますですね、そんな感じは、どうですかねえ？」と、萩原さんは、ソファに浅く座って、右手で、まるで貧乏揺すりでもするみたいに、扇子を忙しそうに動かしながら言った。早口で、ハイテンションで、髪を短く切ったら落語家にも見えそうだった。

「はい、そういうのを書いてみます。色っぽいのがいいですね」

「いえいえいえ、ぼくの言ったことなんて気にしないで、お好きに、はいはい、書いていただければいいですね。コピーライターのセンスで書いてもらえたら、はい、それで、バッチリです、ぼくの言ったことより、そっちの方が、はいはい、ぜんぜん大切ですから」

萩原さんはそう言って、顔を赤らめながら、またあの特徴的な声で笑った。終始に

ここにこしていて、腰が低すぎるほど低かった。

石黒さんは、ひと言も発言せずに、ずっと穏やかな表情で会議の進行を見守っていた。

振り返ってみると、ぼくはこの時点で、行くべき所に行き、出逢うべき人に出逢っている、あるいは、出逢う準備が整っている、そんな気がする。もちろん、そのときはそんなことには気がつかないのだけれど。あとは、運命の車輪が、ほんの数センチ動き出すだけでよかった。

「売野さん、マッドキャップに入っちゃったら、どうですか？」と、萩原さんが、打ち合わせが終わって立ち上がったとき、不意に言った。

「入れてくださるんでしたら、もちろん、よろこんで」と、ぼくは立ったまま答えた。

「それじゃ、次に来るときまでに契約書をつくっといてもらいますから、それにサインするだけでいいように、斎藤さんに話しておきますね」

ぼくは「少女A」という作品で、世の中に認められ、本格的に作詞家として活動していくのだけれど、この萩原さんの何気ないひと言が、「少女A」の誕生につながっていく。

売野さん、マッドキャップに入っちゃったら、どうですか？

運命を決めるには、普通なら軽すぎると思われるような、このひと言が、運命を決めてくれたと思っている。

井上大輔さんのニューアルバム『DAISUKE』にぼくは、四曲書いた。そして、萩原暁さんがプロデュースするクリスタルキングのシングル曲「Church」と、その後には、アラジンのニューアルバムのほとんどの歌詞を書かせてもらった。

一九八一年五月、マッドキャップに所属するようになって、ぼくにも担当マネージャーが付いた。まだ大学を卒業したばかりで、二十四、五歳の向こうっ気の強い男だった。出身地がぼくの実家のある足利市の隣町、群馬県太田市で、駅前にある老舗《しにせ》のお茶屋の息子ということだった。石黒裕くんだ。

チーフマネージャーの石黒さんとは性格はほぼ正反対で、決して仕事に手を抜くわけではないけれど、せっかちで慌て者でおしゃべりだった。しかし、緻密《ちみつ》ではない分、のちのち放つことになる大ホームランにつながるような、剛胆なところもあった。サーフィンでもしていたのか、色が浅黒くて、いつも渋めのアロハシャツを着ていた。

ぼくは、駆け出しの作詞家とはいっても、すでに日本音楽著作権協会の准会員にもなっていたし、作品数もそこそこあったので彼の完全なコントロールを受けずにすんだが、これが、まったくの新人だったら、あれこれ口出しをしてきて、管理されて鬱《うっ》陶《とう》しい想いをしただろうなと思った。

マッドキャップのマネージャーは三人いた、井上大輔さん担当のチーフマネージャーである石黒さん、それから、アロハシャツの石黒裕くん、そして、神戸出身で、矢鱈頭が小さくて、身長が一九〇センチくらいある、アメリカ人ハーフのルイ。ルイは、マネージャーもやるけれど、音楽制作がメインだったようだ。英語はしゃべれるし、ともかくお調子者なので、社長の斎藤さんから重宝がられていた。

アロハシャツの石黒裕くんが、ぼくと、作曲家としての芹澤廣明さんのマネージャー。そして、芹澤さんは歌も歌っていたので、歌手としての芹澤廣明さんのマネージャーはルイ、という風に棲《す》み分けがされていた。

石黒くんが、レコード会社を回って、ぼくの仕事を取ってくるわけだけれど、新人作詞家の売り込みは、思いのほか大変らしくて、仕事を取ってきたのはいいけれど、採用になるかどうかは作品次第なので、営業活動でどうなるというものでもない。いい作品がなかなか書けなかった。

考えてみれば、それもそのはずで、これまでは目黒育郎さんにしても、その他のぼくを使ってくれたディレクターの人たちにしても、これは売野に向いている、と判断をしてくれてから発注するわけだから、書くのも自分の守備範囲内で書きたいものを書けばいいし、無理がひとつもないから、作詞もスムーズだった。

それに比べて、石黒くんが営業して取ってくるものは、海のものかも山のものかもわからない（発注する方だって、海のものとも山のものともわからない作詞家に書かせるわけだけど）そんな雲をつかむような、拠《よ》り所《どころ》のないものばかりだったから、これは大変なことになったと思った。エンジンも付いてない手漕ぎの和舟で、大海に漁に出てきたような気分だった。

演歌寄りのものはないにしても、ほとんどが歌謡曲寄りのものだから、シャネルズや河合夕子さん、それから、後でまた話すことになると思うけれど、伊藤銀次さんや大沢誉志幸さんに書くようなわけにはいかなかった。だから、毎回没、といってもいいくらい、不採用になるケースが半数以上だった。

当時の自分が、よく自信をなくさなかったなあ、と感心さえするけれど、それは、歌詞を書きはじめたころ、目黒育郎さんや鈴木幹治さんが、すごく面白がってくれたという記憶が、屈辱的な思いに打ちひしがれそうなこころを、支えてくれていたのじゃないかな。そのころは気がつかなかったけれど、いま振り返ってみると、そんな風に思えてくる。

そんな没続きの、ある日。ルイと石黒くんから呼び出された。

「作品が、没にならないように、いろいろ、ルイと一緒に考えたんですが、今週、事務所で話しませんか？」と、石黒くんから電話がかかってきた。

「何か、オレに、話したいの？」

「作戦会議、やりましょうよ」

「作詞の？」

「はい」

「オレに、説教でもしたいわけ？」

「そんなんじゃなくて、自分たちの考えを、ただ聞いてほしいだけなんですけど」

「考えって、詞に対する考えなの？」

「そうそう、そういうことです」

「あのね、誤解しているみたいだから言うけど、詞の書き方を、ルイや石黒くんから、聞きたいとは思わないけどね」

「そう言わずに、いろいろ話しましょうよ、ね、どうですか？」

「阿久悠さんと、一度会ってみませんか？　とか、そういう意味のあることを提案するのが、マネージャーじゃないの？　もちろん井上さんとだったら、いつでもご飯食べに行くよ」

「ルイも、会いたがってますから、来てくださいよ、来週の月曜日、午後一くらいで」

　石黒くんが、あまりにしつこくて強引だったので、

「気が向いたらね」

と、ぼくは言って電話を切った。もちろん、月曜日は事務所に行かなかった。それ以降、一度もその話題を、石黒くんが口にすることはなかった。

一九八一年の夏が終わるころ、『機動戦士ガンダムⅢ』の主題歌を書くことになった。前作『機動戦士ガンダムⅡ』に引き続き、井上大輔さんが歌うことになっていた。

「売野さん、サビだけ詞先で書いてくれる?」

と、井上さんが言った。キングレコードの会議室だった。配られた映画のシナリオが、机の上にあった。

富野由悠季監督が『機動戦士ガンダムⅢ』のテーマやフィロソフィー、込められた想いを説明し終えた後、何かひらめいたみたいに、井上さんがそう言ったのだ。

「はい、わかりました」と、ぼくは答えた。

正直に言うと、「わかりました」と言ったものの、ぼくは詞を先に書くのは初めてだった。

一般に、歌詞があって、それに作曲家がメロディをつける、と考えられているけれど、これが詞先。ほとんどの場合、曲が先にあって、そのメロディに詞をはめていく、いわゆる曲先といわれるものだ。演歌を除くと、九割がたがこの曲先という方法でつくられている。曲が先にあると、すでに世界観がつくられているから、そのメロディに乗ってアイディアをふくらませていけばいいわけで、ゼロからつくる詞先に比べて、格段にやさしくなる。

家に帰ってから、シナリオを読み、どう書いていこうかと思案したけれど、ともかくやったことがないから、とっかかりがなくて、難しくて頭を抱えてしまった、で、考えるところがあって、洋楽のレコードを漁るように聴いた。イーグルス、シカゴ、ロッド・スチュワート、ボズ・スキャッグス、トム・ウェイツ、ザ・バンド、ロキシー・ミュージック。井上さんがシナリオを読んでひらめいた音楽を、ぼくは探ろうとしていた。宇宙ものなので、ミディアム・テンポで、ある程度のスケール感が必要だろうと見当をつけて、イーグルスとロッドになったつもりで、サビの始まり方を考えた。で、英語で、

Yes my sweet yes my sweetest
I wanna get back where you were

という始まりの二行を書いてみた。

日本語でサビの始まりを書くのは、いまでも難しい部類のひとつだから、駆け出しの作詞家には完璧に無理だった。ぼくは苦し紛れに、こんな感じで、サビの最初のフレーズを英語にした。一種の逃げである。逃げたくはなかったけれど、ほかに方法が

ぼくにはなかった。

しかし、日本語で行きたいと思うかもしれないので、いちおう、

愛しいひとよ
ああ　愛するひとよ

という日本語のサビも用意した。

井上さんが他のレコーディングをしている、東京タワーの真下の日音スタジオまで行って、手のあいているときに、原稿を読んでもらった。そうしたら、井上さんが、英語が入った原稿を指して、

「これなら、メロディがつくな」と言ってくれて、ほっとした。

それから、一週間くらい後に、サビだけ詞先で、そのほかのパートが、言葉のないメロディだけを井上さんがギター一本で歌っているデモテープが届けられた。

詞先のサビにメロディが付くという体験をして、サビの部分を聴きながら、これが作詞の醍醐味《だいごみ》だなとぼくは感じた。自分がはっきりとは意識していなかった感情までが、くっきりとした輪郭《りんかく》を持って、メロディの中に存在していた。このときから、詞先という方法の強みと、自分に与えてくれる快楽の大きさに、すっかり詞先の信奉者

になってしまった。

レコーディングは、護国寺の講談社の隣にあったキングの音羽スタジオで行われた。富野監督もいらっしゃっていた。打ち合わせのときとは別人のように、富野さんはとても気さくでおしゃべり好きな人だった。

スタジオのコンソール卓の背後のソファに、ぼくたちは並んで座り、井上さんの歌のダビングを聴いていた。

「大ちゃんとはね、日芸の同級生なんだよ」と、監督は、井上さんのことを話してくれた。日芸とは、日本大学芸術学部のことだ。

「卒業してすぐにブルー・コメッツでしょ、あっと言う間に大スターになって、アメリカ行って、エド・サリバン・ショーにも出たしね。ぼくなんか、遥か遠くの方から見上げてましたよ。ぼくは、手塚治虫さんのところにいて、鉄腕アトムの演出をまかされてやってましたからね、地を這うような地道な仕事だね、毎晩徹夜でさ、来る日も来る日も、時間に追われまくってね、そのころ。それで、やっと、前作のときに、主題歌の相談に行ったんだよ、大ちゃんのところへ。ちゃんとした作品にしたかったからね。彼は、フロントに立つことへの執着がすごくあって、なり振りかまわない、その凄まじさはね、もう尋常じゃなくて感動さえしたねえ。彼はやっぱりスターなんだよ」

この「めぐりあい」が発売されたのが、八二年二月で、オリコンのチャートで十三位まで上がった。いまから考えると、十分なヒット曲なのだけれど、特にヒットが出たぞ！　という感じはなかった。多分、喜んだりすることもなく、他人に、あるいは家内に、自慢さえしなかったと思う。「めぐりあい」のせいで、仕事の注文がふえたわけではないから、余計にそう思うのかもしれない。だから、依然として、ぼくは売れてない作詞家というセルフイメージしか持っていなかった。

クロニクルを無視して、井上さんの話を続けよう。

「め組のひと」、「2億4千万の瞳」をはじめとして、井上大輔さんと組んでつくった楽曲はかなりの数にのぼる。相性がとてもいい作曲家だけれど、もともと井上さんの事務所に入れてもらって鍛えていただいたのだから、曲や歌詞に表れるカラーみたいなものも、自然に学んだのかも知れない。

かといって、個人的にすごく親しかったかといえば、そこまで深い付き合いがあったわけではない。これは、おそらく、ぼくの性格と、そして井上さんの性格によるもののような気がする。淡白というのではないけれど、べたべたとした人間関係が、ふたりとも得意ではなくて、同じように他人に弱みを見せたくないとか、野暮《やぼ》なことが嫌いという共通項があって、結果、親しいのに親しすぎない関係が生まれたのだと思う。そういう意味では、とてもよく似た、相性の良さがあった。

　でも、いまから思うと、もっと積極的に付き合えたらよかったと、後悔もしている。やさしくて、品格があって、誇り高くて、才能が備わった、魅力のつきない、特別の人だったのだから、
　とは言っても、月に何度も顔をあわせるわけだから、自然と親しい雰囲気にはなっていく。ただ、井上大輔さんの奥さん、洋子さんとは歳も近くて、井上さんよりもしゃべりやすかった。遠慮がなかったわけではないけれど、気楽に口をきくことができた。洋子さんは、ティーンネイジャーだった一九六〇年代から活躍していたモデルで、とびきり華やかな雰囲気があった。天真爛漫《てんしんらんまん》で、冗談が好きな賑《にぎ》やかな女性だった。

　井上さんは、愛妻家で、無類のやさしいひとなので、パニック症候群を長年患っていた洋子さんのそばにいつでもいた。打ち合わせは、ほとんど井上さんの六本木のご自宅の一階につくった、「Ｓｉｏｎ」というカフェで行われた。Ｓｉｏｎというのは、洋子さんのペンネームで、ぼくたちは彼女のことを、シオンさんと呼んだりもしていた。レコーディングにも、いつもスタジオに洋子さん連れで来ていた。

　あるとき、井上さん夫婦と、マネージャーとぼくの四人で食事をしていたら、洋子さんが不意に、

「ねえ、大ちゃん、売野さんって、サラダを食べるときも、品がいいのよ」と、井上

さんに言った。それから、ぼくに向かって、

「ひとりで食べるときも、そんなに、おしとやかに食べるの?」と訊いた。

ぼくは、井上さんご夫妻の前で、がつがつ食べるのもみっともないので、失礼にならないように気をつけていて、ひとりのときは三倍くらい速い、とそう答えると、

「でも、それ、食べ方だけじゃなくて、動作だって同じで、がつがつしてないわね、何か、ちょっとリズムが、日本の雅楽みたいな感じ」と言って、洋子さんは、酔っぱらったみたいに笑いながら、ぼくが誰かに呼ばれたときの、ゆっくりした振り向き方とか、顔の上げ方とか、話すときの手や指の仕草を真似してやってくれた。マネージャーと洋子さんが大きな声で笑った。かなり面白い物まねだったので、ぼくも笑った。そういうとき、井上さんは、いつもただニコニコしながら黙っているだけだった。

井上さんのマネージャーの石黒裕くんは、先にも触れたが、ぼくと芹澤廣明さんのマネージャーもかねていた。というより、ぼくと芹澤さんの専属マネージャーだったが、「少女A」のヒットが出て、この男がデキるマネージャーということで評価が上がり、井上さんのことも担当するようになったのだ。

この石黒裕くんの運転で、四人して勝浦まで二泊三日の旅行に行ったことがある。

一九八三年の初夏のことだ。

クルマは、ぼくの一九六五年製のメルセデス・ベンツ220SEクーペ。ボディが

アイヴォリーで、屋根がブルーグレーのツートンカラーだ。とても見栄えは美しいのだけれど、よく壊れてそのたびに往生した。しかし、このオールド・メルセデスが、作詞家になって初めての大きな買い物だったので、何度故障しても愛着があって手放す気にはなれなかった。

ちょっと話が脱線するけれど、このオールド・メルセデスは、環八沿いの「サン・オート」という小さな中古車屋の店先に並んでいて、あまりにもデザインが綺麗だったので、夜の散歩がてら、週に何回かそのメルセデスを見に行っていた、値札に三百七十万と書いてあった。それではぜんぜん手が届かないけれど、それでも見に行かずにはいられないほど、ぼくはこころを奪われていた。まだあるかなと、買えないくせに心配なぞしながら、三ヶ月も通ったのだ。

ある日、閉店時刻も過ぎたのに、店主が帰らずにまだ残っていて、「よく来るね」みたいなことを言われて、「買えないけど、このクルマが好きなんだ」と答えたら、突然「いくらなら、買えるの？」なんて訊かれてしまった。

ぼくは適当に「二百五十」と答えた。そうしたら、意外なことに、「買ってくれるのなら、その値段で売るよ」と言われてしまって、最初からこっちには買う気がないものだから、すごく困った。でも、その値段以上の価値があることは十分にわかっていたので、思い切って買ってしまったのだ。契約するときに、「プレスリーが好きなの？」と、ぼくは看板を指差して訊いた。

「初めてだな、そんなの訊かれたの」とまだ若そうな店主がうれしそうに言った。

プレスリーやジョニー・キャッシュ、ロイ・オービソンを発掘した、メンフィスのサン・レコードのトレードマークによく似た看板を、「サン・オート」も出していたからだ。

話を戻そう。勝浦へいくのも当時は、東京湾を横断するアクアラインなどまだないころなので、ぐるりと東京湾沿いに房総半島を南下しなくてはならなかった。ぼくのオールド・メルセデスはがんばって、ほぼ順調なドライブだった。

しかし、日が暮れてくると、腹も減ってくるし、道もよくわからなくなって、房総半島の真ん中あたりの町で、夕食をとることになった。勝浦にホテルも予約してあるので、とりあえず空腹を満たすだけ、味は二の次ということで、最初に目についた明かりがついている、真っ暗な街並にそこだけ明るい割烹《かっぽう》料理屋に入った。

鯵《あじ》の刺身活け造り盛り合わせと、焼き魚を三人前、あとはサラダだとか漬《つ》け物とか、そんなもので腹を満たした。

テーブルに、舟形に豪勢に飾られた刺身の盛り合わせがどんと置かれた。みんな空腹なので、脇目もふらず食べはじめたが、三枚におろした大きめの鯵の刺身の、尻尾《しっぽ》や胴体の部分が、まだ時々ぴくぴくと動いていたので、繊細な洋子さんが、それに気がつかなければいいなと心配になった。

もし彼女が気がついたら、可哀想だとか言って騒ぎ出したり、最悪の場合は泣き出したりして、めんどくさいことになるかもしれないと、よけいな心配をしたのだ。しかし、上手い具合に、何の騒ぎもなく食べ終えることができた。焼き魚も美味《おい》しくて、万事快調、めでたしめでたしの気分だった。

そんなとき、舟形に残った鯵の、三枚におろした真ん中の背骨つきの部分がまた、尻尾をぴくぴくと動かしはじめた。

やばいな、と思っていたら、洋子さんが、

「大ちゃん、まだ生きてるよ、この子！」と、小さな悲鳴をあげて、口元を両手で覆った。

万事休す、もうどうにでもなりやがれ！　と開き直って成り行きを眺めていたら、思っても見なかった方向へ、話が進行しはじめた。

「ねえ、大ちゃん、この子、お水に戻してあげたら、また泳げるのかしら？」と、洋子さんが言った。

お店の人も誰も止めないので、洋子さんは、店内のトイレから出てきたところにある洗面所の水道の蛇口をひねって、水を貯めはじめた。

そして、水が満杯になると、鯵の頭と尻尾を指でつまんで、その水の中に放りこんだ。鯵は、予想していたよりもはるかに元気な様子で泳ぎ出した。両サイドの肉がないので、多少ふらついてはいたが……。

店主も女将《おかみ》さんも驚いた様子で、最初はただ見ているだけだったが、水の中を泳ぐ鯵の姿に感動したのか、それともブルー・コメッツのリードヴォーカルに気がついて、サービスをしてくれようとしたのかわからないが、

「じゃ、水槽に戻してやりましょうよ、ね、せっかくだから」と、骸骨に近い見てくれの鯵を、数十分前まではスイスイ泳いでいたガラスの水槽に戻した。

鯵はしばらく、ゆっくりと水槽の中を泳ぎ回っていた。

ぼくたちは、ちょっと残酷な遊びをしてしまった後ろめたさを償うかのように、水槽の鯵に拍手を送った。

割烹から出て、石黒くんがメルセデスのイグニッションをひねっても、セルモーターの回る音もしなくなっていた。バッテリーが上がってしまったのだ。こういうときは、他のクルマから電気を借りてセルモーターを回して、あとは自分の力で充電すればいい。充電用のケーブルも常備していた。しかし、街からはすっかり人通りも消え、街中が眠りの準備に入っているようだった。ぼくたちも、あきらめてこの街の旅館に泊まることにして、割烹の女将さんに尋ねて、適当な旅館を紹介してもらうことにし

た。クルマは割烹の駐車場に置いていくことにした。

「鰺の霊が、怒ってるんだよ」と、道すがら、石黒くんの耳元にぼくはささやいた。

歩いて三分とかからない小ぎれいな旅館だった。難点は、部屋が狭いことだった。

なぜだか、四人が同じ十畳くらいの部屋に泊まることになった。眠れるかどうか心配だったし、何か始まってもこまるなあと思っていたら、知らないうちに眠ってしまっていた。

翌朝、目覚めると、窓の近くの布団に寝ている洋子さんが、いちばんドア側のぼくに、

「鰺のこと、怒ってない？」と、小さな声で訊いた。

「昨夜のことは、一生の思い出になるよ」と、ぼくは天井を見ながら言った。「洋子さんの拍手がいちばん大きかったし、泣いてるのがわかったから」

井上さんの起きる気配がして、そちらを見ると、井上さんと目があった。井上さんは、作るメロディそのままに、やさしくて切ない目をしていた。


二〇〇〇年五月三十日、井上大輔さんが亡くなった。自殺だった。

翌年、洋子さんも、大輔さんの後を追った。

ぼくは、水槽の中を泳ぐ鰺を思い出して泣いた。

第五章

少女A

初めての大ヒットが
生まれるまでに、
紆余曲折の過程が
いろいろあったんだ。

芹澤廣明
中森明菜
阿久悠
伊藤銀次
木﨑賢治
銀色夏生

マッドキャップに入ってから、没になる原稿が多くなったけれど、相変わらず伊藤銀次さんや大沢誉志幸さんなどとの作詞の仕事は続いていた。

どちらも、渡辺音楽出版の制作プロデューサー、木﨑賢治さんとの仕事だ。木﨑さんは沢田研二さんの制作ディレクターであり、糸井重里さんを起用して、「TOKIO」を作った人だ。だから、ぼくが作詞家になれた「恩人」の源みたいな人だともいえる。

とびきりチャーミングで、音楽業界で出逢った人の中で一、二を争うほど性格がいいというか、人間性が素晴らしくて、会った最初の日から好きになってしまったほどだ。紹介してくれたのは、EPIC・ソニーの目黒さんと同じセクションの小坂さんという、これまた親切で温かな性格のスーパーナイスガイだった。

河合夕子さんの詞を書きはじめたころ、EPIC・ソニーのフロアでエレベーターを待っていたら、偶然通りかかった小坂さんが、「詞を書きたいのなら、この人に会ってみるとすごく勉強になるよ」と、立ち話をしながら、木崎さんを紹介してくれることになったのだ。

考えてみると、ＥＰＩＣから派生して出逢う人は、メンタリティのせいなのか、ほぼ百パーセント、会っていてうれしくなってしまうような人ばかりだった。

それとは反対に、マネージャーの石黒くんが芸能界の荒波を超えて泳ぎ着いた、歌詞を書かせてもらう機会をくれた人たちには、時々、とんでもなく野蛮な人たちがいて、ぼくは自然とその人たちのことを「バカヤロー系」と呼んでいた。ぼくが、バカヤローと思うのじゃなくて、彼らの会話の中にたびたび「バカヤロー」が混じるという意味だ。そういう人たちとは、趣味があわないというか、一緒にいても楽しくならないし、それは向こうにとっても同じことで、何を書いても面白がってもらえなかった。そんなわけで、ぼくは「バカヤロー系」からは、ほとんど無能扱いされていた。

「おーい、お茶だよ、先生にお茶、バカヤロー、なにもたってんだよ。えーと、で、いただいた詞なんですけどね、こういうんじゃなくて、阿久さんとか、なかにし礼みたいな感じでさあ、おーい、バカヤロー、電話鳴ってるぞ、こう、ぐっと来る感じで、なーんか、どっか違うんだなあ。バカヤロー、早く出ろ、バカタレが。あ、ちょっとすいません、電話、電話、はい、もしもーし」

こういう人は、意外に思うかも知れないが、大卒のインテリが多いレコード会社に結構いた。この話は、大袈裟《おおげさ》じゃなくて、ほとんどドキュメンタリーだ。このディレクターからもらった、ある女優に書いた詞も、ちょうどこんな感じで没になった。予想していた通りだった。

一九八一年の十二月。小坂さんに電話番号を教えてもらって、伊藤銀次さんのアルバムを制作している木﨑賢治さんに会いに、新宿のテイクワンスタジオに行った。三時にレコーディングが始まると聞いたので、三時ちょうどにスタジオに着いたが、まだ、木﨑さんは来てなくて、エンジニアの人だけがいた。二十代前半といった感じの少年ぽさがのこるエンジニアの人が、「エンジニアの飯泉です」といって名刺をくれた。ぼくは作詞家とは言いにくくて、名前だけ名乗って東急インターの名刺を出した。

三十畳くらいありそうな広い板張りのロビーに、立派なビリヤード台が置いてあった。隣には、手動式のサッカーゲームもあった。身体《からだ》の大きなポリスターの人が次に来て、伊藤銀次さんが来た。ふたりは、ぼくには目もくれずサッカーゲームを始めて、すぐに夢中になってエキサイトしはじめた。

六時を回ったころ「遅れちゃった、すみません、遅くなりました」と、飄々《ひょうひょう》とした感じで、木﨑さんがロビーに入ってきた。真っ赤なＧＳみたいなジャケットにジーンズ、ジャケットの下には白いタートルネックのセーターを着ていた。思ったよりも背が高くて、一八二、三センチくらいはありそうだった。

「売野さん、みんなに紹介するね。銀次さん、ジャンボ、それから、トッピー」と、彼は伊藤銀次さんと、ポリスターのジャンボ佐藤さん、そしてさっき挨拶した飯泉俊之さんを紹介してくれた。

伊藤銀次さんは、初めてだったけれど、知っている誰かに似ているような気がして、最初から親近感があった。歳も同じだった。ジーンズの上に、茶色いセーターを着て、襟元から緑色のシャツの襟がのぞいている。まるきり大学生みたいだった。話題が豊富で博覧強記で、音楽家とは思えないくらいだった。

今日は歌の録音らしくて、ブースの中にマイクがセッティングされていた。「雨のステラ」という、すでに一度録音された歌が流れた。それから、伊藤銀次さんがもう一回歌った。銀次さんの声がやさしくて甘いことに、ぼくは驚いた。ロマンチックな歌だった。立て続けに三回歌って、それから部分的な直しをして、「雨のステラ」が完成した。

そして、挨拶に来ただけのつもりが、「銀次さん、売野さんに、M-1とM-4書いてもらわない?」なんて、木﨑さんが言って、急遽打ち合わせになってしまった。

そのときの、M-1というのが、詞がついて「Baby Blue」という歌になった。M-4の方は木﨑さんのアイディアで、『TAPPIN and CLAPPIN』というテーマとタイトルになったが、放送局とかで評判が良かったらしくて、「まっ赤なビキニのサンタクロース」と改題されて一九八二年六月にシングルカットされた。「Baby Blue」は、アルバムのタイトル曲になったのにシングルカットはされなかった。アルバムの十曲のうち五曲がぼくの詞だった。

ひと月くらいの間に、ぼくは木崎さんから詞の書き方を教えられた。といっても、講義があるわけじゃなくて、書きながら凄く大切なことをさり気なく言ってくれるのだ。木崎さんは、特に教えるのが好きというわけではなく、新しい才能が好きなんだと思う。

だから、伊藤銀次さんのスタジオには新人の作詞家がよく来ていた。康珍化さん、麻生圭子さん、銀色夏生さん、神田広美さんなど。康さん以外の作詞家とはスタジオで実際に会った。

横尾忠則さんがジャケットの絵を描いた、アルバム『Baby Blue』は八二年の四月に発売された。

伊藤銀次さんの次のアルバムは、五ヶ月後に発売になるのだけれど、その『SUGAR BOY BLUES』では、十一曲中、七曲をぼくがまかされた。伊藤銀次さんとも、木崎さんとも蜜月時代だった。

そのころ、よく木崎さんから言われたのは、「ポップな阿久悠さんを目指していって」ということだった。

阿久悠さんという固有名詞は、詞の書き方が端正で、論理的で構造がしっかりしている、物語が書き切ってある、といった意味のシンボルで、そうした基礎体力を持ちながら、洒落《しゃれ》ていてかっこいい詞を書く作詞家になってほしい、ということだと思う。

木﨑賢治さんという稀有《けう》の才能を持ったプロデューサーは、八〇年代に開花する、新しい潮流の文化を切り拓《ひら》いたひとりであることは間違いないし、音楽だけにかぎっていえば、過去の、日本的な湿度の高い音楽を、この国から消し去りたいと真剣に思っていたのだろう。だから、新人の作詞家に自分の遺伝子を埋め込もうとしていたように見える。たとえ、それが無意識にだったとしても。

少なくとも自分のまわりは、好きな音楽しか聴こえないようにしようとする意志は、自分の部屋を飾るために、自分の好きな絵を描いたという、伝説の画家・金子國義さんに似ている。

それで、ぼくも、何度もチャンスをもらった。

一度目は、沢田研二さんのニューシングルが、大沢誉志幸さんがやっていたロックバンド、クラウディ・スカイのメンバーと書いた「お前にチェックイン」に決まりそうになったとき、メロディはそのまま詞だけ新しく変えてほしいと頼まれた。ぼくは、初めての大きなチャンスに、緊張でガチガチになりながら、一週間、必死で毎日考え続けた。いまから考えれば、ただ実力がなかっただけなのだけれど、自分はここまでプレッシャーに弱いのかと、青息吐息、あきれるくらいに何も書けなかった。全身の筋肉が、萎縮したみたいに固く凝《こ》りかたまってしまった。メンタルには自信めいたものがあったのに、それも打ち砕かれた。なんとか最後の二日で、やっと「週末ハートブレイク」というタイトルの詞を書き上げた。

数日後、ジュリーのプロデューサーの加瀬邦彦さんに呼ばれて、木﨑さんと一緒に、その歌詞をメロディに当ててみたりもした。「まあ、これはこれでありかも」なんて言われながら、自分でも「お前にチェックイン」にインパクトで負けていることがわかって、かなり惨めな思いをした。

二度目は同じく沢田研二さんのために、詞先で作品を書かせてくれた。何がなんでも、ぼくにジュリーのヒット曲を書かせたいという気持ちが伝わってきて、うれしかった。でも、当然、よければ採用するし、だめなら没。これには変わりがない。

で、ぼくは、トーマス・マンの小説というより、ルキノ・ヴィスコンティの映画で有名な『ベニスに死す』に想を得て、「ロリータ」という詞を書いた。美少年に恋をするアッシェンバッハの役回りがジュリーという設定で、美少年タジオを、美少女に変えた。避暑地のプールサイドで、中年にさしかかったジュリーが、美少女に恋をして、その美貌《びぼう》に思い焦がれる物語だ。

でも、そのアイディアをきちんと歌詞として完成させる力量が、ぼくには不足していて、狙っていたムードも表現できず、少女の美貌を描写することもできなくて、中途半端な作品に終わった。採用されなくても当然だった。しかし、直しの注文も何もなかったから、そうとう酷い作品だったか、このアイディア自体が沢田研二さんには向いてなかったか、どちらかだろう。向いてなかったのは、沢田さんというよりも、当時の日本のエンターテインメントの世界には、ということかもしれない。

しかし「ロリータ」は、ゆくゆくふたつの大きな作品へつながることとなる。ぼくにとっては書いておいて本当によかった幻の作品だ。

一九八二年の三月のある日、東急インターに出社して業界誌用のコピーを書いて、その帰りにマッドキャップに寄った。マネージャーの石黒くんと会って、事務所に届いていた著作権契約書にサインと押印をするのが目的だった。

終わって帰ろうとしたとき、チーフマネージャーの石黒さんが近づいてきて、一枚のチラシを差し出し、

「こういう新人の女の子が、作品を探してますから、書いてみたらどうですか?」と、とても静かな声で言った。「ワーナー・パイオニアが力をいれてる、中森明菜ってアイドルです」

ぼくが、あまり反応しなかったのか、石黒さんは、

「こういうのも、やった方が、絶対いいと思いますよ」と言った。

「はい、やってみます」と、ぼくは答えた。「アイドルって、書き方がわからないけど、どうなのかな」

「普通のアイドルの歌を真似するのは、避けた方がいいと思います。そういうのは、誰でも書きますから。ともかく目立つものを書いてください。前に書いた、シャネルズだって、河合夕子だって、普通じゃないですから。自分が面白がって書いたら、いい作品になると思います」

石黒さんは、やけに自信がありそうに言った。

買ったばかりのメルセデス・ベンツ220SEクーペを運転しながら、その言葉を反芻《はんすう》していたら、なんだか書けそうな気がしてきて、ハッピーな気持ちになった。

飯倉のランプから首都高速に乗った。車体が大きくて重いので、走り方も普通のクルマとまるで違って感じる。高速二号線に乗って荏原《えばら》で降りると、家まで二十分で到着する。二月に生まれたばかりの娘の顔を見るのが日々の楽しみだった。

そのころは、英字新聞の片隅で見つけた、田園調布の小さな平屋を借りて住んでいた。大家さんの家の離れのようなかたちで、二十四畳くらいのリビングと十五畳くらいのダイニングルーム、それと十畳の寝室があった。どの部屋からも、大家さんがバ

ラ園にしている広い庭が見えた。

大家さんは物理学者で、理化学研究所の理事をしていた。何よりもクラシックを愛していて、週末はかならず朝から大音響でオーケストラが鳴っていた。奥さんは神戸の人でスタイルがよくて、とてもよくしゃべる天衣無縫《てんいむほう》な明るい人だった。

「主人にとってはね、クラシックは、もうセックスなのよ。女なんかにぜんぜん興味がないの。心配がなくてよろしいんですけどね、ちょっとそれも困るときがあるのよ」と、庭先でクラシックの話題になったら、そういってしばらく笑いが止まらない様子だった。

また、あるとき、ぼくが作詞家だと知ると、

「この家はね、とても縁起がいいお家なのよ。あなたの前に住んでらした方もね、音楽家で、チェロをお弾きだったのだけれど、一年と経たないうちに、出世して、ウィーンの交響楽団のチェリストになって、出ていかれたの。だから、あなたも、きっと出世すると思うわよお」と、楽しそうにニコニコしながら言った。

アイドルの歌詞を書くのは、思っていた以上に難しかった。ワーナー・パイオニアにプレゼンテーションする締め切りは二週間後だったが、曲も一緒につけて出すという約束だったらしく、ぼくの持ち時間は、半分の一週間だった。

歌詞を書く作業よりも、書きはじめるまでに時間がかかる。書く内容さえ決まってしまえば、三時間もあれば書き上げることができる。

ぼくはタイトルを先に考え、全体像から入って、細部を書いていくというスタイルが、いちばんあっていて、だいたい、そうやって書いていた。

しかし今回はタイトルが思い浮かばないまま数日が過ぎ、石黒さんから渡された彼女のチラシを読んでいたら、左下の隅に、ロゴマークらしきものがあって、その上に書かれた「ちょっとHな美新人っ娘」という、キャッチフレーズが目についた。美新人っ娘、には「ミルキーっこ」とルビがふってある。新人＝ルーキーというシャレだと、一年以上経った後でも気がつかなかった。

でも、ぼくは、そのわかりにくいシャレよりも、Hというところに目がいって、セクシュアルなムードがあってもいいのかもしれないと、勝手に想像した。そして十六歳と、プロフィールに書いてある。もやもやとしたものが、形を結ぼうとしていた。セクシュアルで十六歳。自分の高校のころの、まわりにいた女の子たちを想像した。同時にシノハラヨウコという、十六ではなく、浅黒い肌をした早熟な十四歳の美少女を思い出した。そして、「早熟」がキーワードになることを確信した。ぼくは、十四歳のシノハラに一度だけ誘惑されたことがあった。そして、恥ずかしいことに、それだけで下着の中に射精してしまった。

「少女A」、シノハラがそんな記号で、ニュースになる可能性があることを、彼女のあやうさで、ぼくは知っていた。

タイトルは決まった。ぼくはマジックインキで、原稿用紙に大きな文字で、「少女A⒃」と書いた。新聞の社会面と同じに見えるように、年齢もいれた。

普通なら、これで、もう書けたも同然なのだけれど、ストーリーのアイディアがまるで浮かばず、悶々《もんもん》として少女A、少女Aと原稿用紙に書き連ね、途方に暮れた。しかし、これほどまでに書けないのは、タイトルの大きさを自分で知っていたからだと思う。鉱脈の上に立っていることを無意識に感じて、緊張していたのかもしれない。

締め切りの二日前、もう書き出さなくては間に合わないので、これ以上考えるのはやめて、ぼくはズルをすることにした。下書き用のノートに残っていた、沢田研二さん用の「ロリータ」の設定を借りることを、苦しまぎれに思いついたのだ。「ロリータ」が、アッシェンバッハの視点から書かれたものなら、「少女A」では、カメラをタジオの視点にする。しかも、美少年から美少女に変えて。

試しに、一行書いてみたが、何の違和感もなく、最初からそこにあった物語のように見えた。そして、ぼくはこの物語を一気に書き上げた。もちろん、少女の相手の年齢を、ジュリーよりもう少し若くした。

曲が上がりましたと、連絡をもらって、東急インターの帰りに事務所に寄った。ぼくの歌詞にメロディをつけてくださったのは、芹澤廣明さんではなかった。その方が作曲してくれた「少女A」は、やさしい十六歳の女の子だった。

感想を訊かれた。ぼくは、「わからない」と答えた。本当にいいのか悪いのか、まるでわからなかった。曲自体は悪くないのに、ただ、ぴんとこないだけだった、おそらく没になるかもしれない。でも、それは、それで仕方のないことだ。また、次でがんばればいい。

「少女A」のアイディアは何度でも使えるだろう。そう思った。没になるのには馴れていた。

二、三週間が経ち、コンペティションだったこともほとんど忘れてしまったころ、石黒さんから電話があった。

「中森明菜の楽曲ですが、いま、売野さんの詞だけが残っていて、曲は没になりました。ディレクターは、別の作曲家でもう一度、同じ詞に曲をつけてくれというので、色黒にやらせてます」

「色黒？」

「石黒のことです」と、チーフの方の石黒さんが笑った。「できたら、またご連絡します」

すると、三日後に、石黒くんから電話があり、「曲ができたから、一緒にワーナーに行きましょう」と言われた。

新たに曲をつけるより、芹澤さんのストック曲から三曲選んで、ディレクターに聴かせるつもりだ、と石黒くんは言った。

中森明菜の制作ディレクターは、島田雄三さんという、ぼくより三、四歳年上の、明るくて声の大きな礼儀正しい人だった。

ぼくは、島田さんの顔を見て、びっくりした。新卒で就職した萬年社の営業部に、同じ顔をした島田研三さんという方がいたからだ。すぐに双生児だろうと見当をつけたが、仕事の話が終わるまで話題にしないことにした。

「では、聴かせていただきましょうか」と島田さんが言い、石黒くんから受け取ったカセットを、高価そうなテープデッキで回した。

「三曲あります」と石黒くんが言った。

ワーナー・パイオニアの十二畳ほどのアーティストルームに、芹澤廣明さんの高い声が響いた。ぼくたちは、白いモダンなデザインのコーヒーテーブルをはさんで、ベージュのソファに深く座り、そのメロディに耳を傾けた。

声も歌い方もメロディも、かなりアクが強く、個性的だった。特徴的なのは、どれもサビの旋律が秀逸だったことだ。この作曲家は、シングル向きのひとだなあと印象深く思った。まさしく天才には違いない。

三曲聴き終えると、アクの強さだけが頭に残って、全部がマイナーのエイト・ビートだったせいもあり、どれがどれだか区別がつかなくなりそうだった。二曲目だけに歌詞がついていた。他の曲は「ラ・ラ・ラ」で芹澤さんが歌っていた。

島田さんの反応を窺おうと、顔を上げると、反対に、

「売野さん、作詞家として、どれがいいと思いますか?」と訊かれた。

困ったな、と思いながら、ぼくは「二番目じゃないですか」と答えた。自信たっぷりに聞こえたのだろうか、島田さんは即座に、「ぼくも、そう思います」と言った。

あのとき、もう一度聴いてみましょうか、と言わなくてよかったと、いまでも時々思うことがある。もし、もう一度聴くことになっていたら、別の曲が選ばれることになった気がする。

ぼくは、さっそくその夜から、この新しいメロディに歌詞をはめ直す作業にとりかかった。一週間後に、芹澤さんをまじえて、手直しを加えた詞で、確認のミーティングをすることになっていた。

思ったよりも、作業は簡単だった。ぼくのもともとの詞は、Aメロと呼ばれる歌の始まりの部分がとても長く、それに比べてサビが比較的短い。これは、歌詞についてあまり知らない素人の特徴だ。小節数をほぼ無視した書き方ということだ。

ぼくが、そんな共通項があるとは知らないで選んだその曲も、おそろしくAメロが

長くできていた。詞先で書かれたものだと簡単にわかる。書いたのは漫画家か何かで、音楽の言葉について何も知らない人だったのだろう。

そんな共通項があったから、原型の詞をほとんど崩さずに、サビに行くまでに、十音くらい足すだけで、ぴったりと新しい曲の中に収まってくれた。「こりゃ、奇蹟だわ！」と、書き直しながらそう思った。

もうひとつの素人の特徴は、サビがサビになっていない、ということだ。現在の「少女A」のサビは、「じれったい　じれったい」と、じれったい、というフックになる言葉が、サビの中で四回繰り返される。

もともとの歌詞には、残念なことに、これが書かれていなかった。芹澤さんのサビのメロディの頭にあった、「ねえ　あなた　ねえ　あなた」という言葉を参考にして、サビになるように新しく書き直したものだ。

「ねえあなた　ねえあなた」なんて、そんなサビ、あり得ないと思うけれど、ぼくはただただ、その漫画家の方に感謝するだけだ。素晴らしいサビを書いていてくれて、ありがとう！　という気持ちだ。しかし、分析してみると、おそらく漫画家が書いた歌詞は、「ねえあなた」が一回だけだったのではないかと推理できる。それだけじゃサビらしくないので、サビの天才がもう一回、同じ言葉を繰り返して使ったと思う方が自然だ。

芹澤廣明さんを交えて、島田さんと四人で次の週に、ミーティングをした。アーティストルームに石黒くんがギターと譜面を持って現れた。すると、島田さんが、芹澤さんに「それじゃ、この新しい歌詞で、歌ってみてくださいますか?」と言った。

芹澤さんは、歌わされるとは予想していなかったらしくて、「あ、すみません、これ、どういうメロだっけ? 忘れちゃったよ」と、にこにこして言って、石黒くんから譜面を受け取り、それを見ながらコードを鳴らして、「あ、そうか、そうか」なんて言っている。

なんだか、すごい人だなあ、とぼくは思った。見たことのないタイプだった。顔色がややピンクがかっていて、血色よく肌もツヤツヤピカピカしていた、まるで湯上がり! と、ぼくはこころの中で、ひとりで言って、自分でウケて笑った。着ているものもパラダイス感覚全開だった。赤い地に白いプルメリアの花があしらってあるアロハシャツに、アイヴォリーのコットンパンツ、靴は白と茶のツートンカラーのローファー。髪型は、オールバックのリーゼントだった。

芹澤廣明さんは、サビまで来ると、サビの譜割りを間違って歌って、あれ? どうなってんだ? と独り言を言った。彼は「じれったい」を四音で歌ったが、ぼくはもともとそこを五音で歌う譜割りにしていた。

そして、二番まで歌い終えると、

「完璧じゃないですか？」と、涼しい顔で言った。

ぼくは思わず吹き出しそうになった。

帰りに、一緒にトイレに入った。並んで用を足しながら、

「よかったですね、LPに入りましたね」とぼくが言うと、

「まだ、よろこんじゃ、だめだよ。こういうのは、蓋を開けてみなくちゃ、わからないってやつだから。録音されて初めてよろこぶんだよ」と、血色のいい、ツルツルピカピカの、ピンクの笑顔で言われた。

「少女A」のオケを録音します、という連絡が来て、その十日後にはオケの入ったテープが送られてきた。ワクワクドキドキするような、素晴らしいイントロがついていて圧倒された。編曲は萩田光雄さんだった。エンターテイメントの世界へぐっと近づいたのを実感した瞬間だった。

歌入れの前になって、島田雄三さんから、歌詞の一部を直してほしいと言われ、二番のAメロ八行の歌詞を変えた。不良っぽすぎるという理由だった。関係者のみんながビビり出したのが、手に取るようにわかった。明菜さんの誕生日が過ぎるので、詞を十六歳ではなく十七歳に変えた。そして、「少女A」の後についていた「⒃」という表記を、タイトルから削らせてほしいとも言われた。

なんだか注文が多くなってきて、鬱陶《うっとう》しいなあと思っていたら、

「『少女A』が、シングル候補になってるみたいですよ」と、チーフマネージャーの石黒さんから連絡があった。「売野さん、よかったですね、ぼくもすごくうれしいです」

「本当に？」ぼくは驚いて言った。

「来生姉弟の楽曲と競ってるそうです」

「すごいね」

「でも、最有力だそうです」

「すごいね」

「すごいです」

「中森明菜を書くように勧めてくれて、ありかとう」

「歌謡曲にも才能がありましたね」

「ほんとに、まぐれだよ」

「シングルが決まったら、お祝いしましょう」

「あとは、運だけだよ」

「じゃ、勝ったようなもんです」

後年、中森明菜の当時のマネージャー、研音の角津徳五郎さんが教えてくれたのだが、その日、偶然早起きしちゃって、偶然ワーナー・パイオニアの制作部に、何の用事もないのに立ち寄る気になり、島田雄三さんの机の上の「少女A」とタイトルが太いマジックで書かれたぼくの原稿を、偶然見つけたそうだ。タイトルに衝撃を受けて、島田さんを呼び出し、オケを聴かせろということになり、オケも最高だったので、「これが売れなくて、何が売れるんだ！」と、ほぼ決まりかけていた来生姉弟の「あなたのポートレート」という楽曲をひっくり返して、「少女A」をセカンド・シングルに決めたらしい。

しかし、中森明菜が歌いたがらず、角津さんは、「じゃ、レコーディングで一回歌うだけでいいよ、あとは歌わなくていいから」とむりやり説得して、一度だけの録音が敢行された。

「そのふてくされた感じが、歌にぴったりだったんだね」

と、角津徳五郎さんが言った。

「少女A」は、一九八二年七月二十八日に発売され、十月十八日にオリコンのチャートで五位、TBS『ザ・ベストテン』では十月二十八日に第三位になった。

お祝いの電話が、古い友人たちから、かかってきた。

めずらしく、父親も電話をしてきた。おめでとうとか言われるのも、照れくさいなと思っていたら、

「お前は、調子に乗りやすい性格だから、ひとつくらいヒットが出たからといって、会社をやめないようにしなさい」と言った。

父親には、変則的な契約社員ということを隠し、ずっと、普通の会社員だとぼくは嘘をついていた。


いよいよ、これから忙しくなるぞ、と思っていたけれど、期待はずれで、まるきり仕事の依頼はなかった。

最初に作詞の依頼をしてくれたのが、CBS・ソニーの酒井政利さんと東芝EMIの鈴木孝夫さんだった。

そして、「少女A」が発売になると同時に、知人を介してまっ先に会いに来てくださったのは、ライジングプロダクションを立ち上げる前の、平哲夫さんだった。平さんは、当時、ある放送作家の方のマネージャーをしていた。

「ともかく、どんな顔をした人か会いたかったんです」と、無邪気な笑顔になって言った。

「いつか、かならず大きな仕事ができると思っているんです」

平さんはそう言って、かつてなかにし礼さんや青江三奈さんのマネージャーだった彼の経歴を話した。話も面白くて愛嬌があるのでついつい話に引き込まれてしまう。

あまり友人にはいないタイプの人だけど、とてもチャーミングな男に見えた。

「いつか、一緒に何かやりましょう」

ＴＢＳのビルの地下にあったトップスで、平さんから言われ、握手をして別れた。

それが実現するのは、四年後の一九八六年のことだ。

彼らとともに
同じ時代を駆け抜けたことを、
ぼくは誇らしくも、
愛おしく思う。

第六章

チェッカーズ
筒美京平
稲垣潤一
河合奈保子

涙のリクエスト

「少女A」の反響が大きかった割に、仕事はいっこうに増える気配がなかった。芹澤・売野コンビは一発屋、そんなありがたくない風評が流れ出したかもしれない。ともかく、続くヒットが書きたくて仕方ないのに、注文がなかったら話にならない。石黒くんもあせってレコード会社を訪ねて回っている様子だったが、不発に終わっていた。

「それはそうと、ヒット祝いをしてやろうじゃないか」、とマッドキャップの斎藤社長が言い出して、九月の最後の日曜日、阿久悠さんの別荘が近い、静岡県の相良《あいら》カントリー倶楽部というゴルフ場に行った。

阿久悠さんにまだ会ったことがないので、ご挨拶をかねて、ゴルフの帰りに遊びに行くという段取りだった。

クルマは、「お祝いの雰囲気を盛り上げるのに、ぴったりじゃないですか！」と言った石黒くんの提案で、ぼくのオールド・メルセデスに四人で乗ることになった。運転は石黒くんだ。

「なにしろ、サン・レコードですからね、縁起がいいんですよ」と、石黒くんは、古いクルマで行くことを反対した、古いクルマが嫌いな芹澤さんに説明した。それから、サン・レコードと同じロゴマークを使っているサン・オートという中古車屋で、このクルマをぼくが買ったことも。「プレスリー、ジョニー・キャッシュ、カール・パーキンス、ジェリー・リー・ルイス、それからロイ・オービソンまで、そこからデビューしてるんですから」

「マッドキャップも、これからそうなってくから」と、斎藤社長が、調子に乗って言った。

「な、ヒロ、言った通りになっただろう?」と、助手席から、ぼくと芹澤さんが座っている後部座席を振り返って、社長が言った。

「そうですね」と、芹澤さんが、気のない返事をした。

斎藤さんは、芹澤さんのそんな様子を気にしながら、ぼくに向かって、

「ヒロが、NHKが終わったときに、言ったんだよ、これからは、作曲家メインでやったらどうって。ウチに来たら、ヒットも出るからって。そしたら、こうなったわけよ」と、上機嫌にそう言って、大きな声で笑った。

「口車に乗せられて、騙されたかなって思ってましたよ、つい最近まで」と、芹澤さ

んが、笑いながら言った。

「何言ってんだよ、ヒロ。ヒロは、ウチのカール・パーキンスだと思ってんだから。プレスリーは、まあ、大ちゃんに譲るとしてもさ」と、斎藤さんが言った。「何たって、『ブルー・スエード・シューズ』を作ったメロディ・メーカーなんだから」

東京を五時過ぎに出たせいで、七時半には牧ノ原に到着してしまった。ゴルフ場に行く前に、阿久さんに挨拶していこうと、斎藤さんが言い出して、別荘へ向かった。

朝の八時前から起こされた阿久悠さんが、パジャマ姿で現れた。

「仕事をしてて、寝たのが三時だったから、眠いよ」

芹澤さんはもう何度も会っているようだった。ぼくと石黒くんが紹介され、「まあ、がんばってください」と、阿久さんが言った。

「終わったら、また来ます」と斎藤さんが言って、オールド・メルセデスをゴルフ場へ向けた。

ティ・アップの時間は九時だったけれど、十五分前にはスタートできた。

多少暑かったけれど、気持ちのいい風は吹いているし、人も少なくて快適なゴルフだった。

そして、事件は第八ホールで起きた。グリーンまで残り五十ヤード地点だった。第三打目のアプローチ用のウェッジのクラブをキャディさんのところまで取りに行き、彼女が差し出したクラブを受け取ろうと、手を伸ばした瞬間、下半身に衝撃を感じ、同時に猛烈な熱さが下腹部あたりに一気に広がった。

何が起こったのか理解する間もなく、ぼくの目には、キャディさんが両目を見開き、口を開けた驚きの表情が映った。それから一秒とおかず、悲鳴を上げずにはいられないほどの激痛が、急所を思い切り叩《たた》きはじめた。

次に、ぼくが見たものは両足の真ん中あたり（ちょうどパットをするときのボールの位置）、緑色の芝の上に落ちている真っ白なゴルフボールだった。「⁉」。状況を理解したその瞬間、ぼくはどっと倒れ込み、叫び声を上げながら、芝生の上を転がり、のたうち回った。涙が両目からあふれてきた。

ゴルフボールが急所を直撃したのだ。

「大丈夫ですか‼」石黒くんの叫ぶ声が耳元で聞こえた。

芹澤さんと社長が駆け寄ってくる姿を、涙で霞んだ視界に見たような気もした。

「跳ねろ！　跳ねろ！」社長が、必死な声で、ぼくの耳元で怒鳴っていた。「金玉打ったんだろ⁉　なら、売野ッ！　跳ねろ！　跳ねるんだ！」

「こんなに痛くて、跳ねられるわけがないだろ」そう叫んでやりたかった。

すれ違う隣のホールから、帽子を取って、「すみませーん」と大声で叫びながら走ってくる小太りの男が見えた。「この野郎！」。立ち上がって、男を殴ってやろうと、膝をつき立ち上がり男に向かって突進したつもりが、無様にも、わけのわからない雄《お》叫《たけ》びを上げながら、小太りの男の目の前で、前のめりにひっくり返ってしまった。

ぼくはまた、芝生の上をのたうち回りながら、男を罵倒する野蛮極まりない言葉の数々を、泣きながら叫び続けた。

「売野ッ！　跳ねろ！　がまんして、跳ねるんだ！」

また、社長のとんちんかんな、必死な声が聞こえた。

この痛みからすると、睾丸《こうがん》が潰れたかもしれない。ひとりだけでも子供をつくっておいてよかった。本気でそう考えた。

こういう事故にあうと、人はみんな「なんで、オレだけ!?　わたしだけ!?」と考えるそうだが、ぼくも、まさしくそう思ったひとりだった。

救急車が来るものとばかり考えていたが、そんな気配もない。ヒバリのさえずりが聞こえたりする、のどかな日曜日のゴルフ場の雰囲気があるだけだ。

ゴルフ場の芝を整備する機材をのせた軽トラックがトロトロと走ってくるのを、芝生に横になったまま、ぼくは眺めていた。

「売野くん、痛みが引いたら、ちょっとでも、跳ねた方がいいんじゃないか？」

社長が膝をついて、ぼくの顔をのぞき込んで言った。

軽トラックは、第八ホールのグリーンの手前に止まり、ぼくは助手席に乗せられて、メインロビーまで運ばれた。

　このクルマ寄せに救急車が待っているのだろうと、軽トラックの中では考えていたが、救急車は見当たらなかった。ぼくは長椅子《ながいす》に寝かされて、まわりに誰もいなくなってしまった。痛みはもう峠を越え、だんだん引いているようだった。いまはただ、急所のあたりが痛いだけだ。

「売野ッ！　跳ねろ！　跳ねるんだ！」

　社長の的外れな大声を思い出して、ぼくは、この事務所にいたら本当に一発屋で終わってしまうんじゃないかと思った。

「今日は休日なんで、開いてる外科の病院がなくて、すみませんお待たせしてしまって」

　副支配人と名乗った男の人がそう言って、ぼくを乗せて病院まで連れていってくれた。

　事情はすでに話してあるらしく、すぐに診察室に入るように言われた。

　診察室には、ステンレスが張られた大きなテーブルが、中央にあった。その向こう側の窓際に先生のデスクがあり、その傍らに患者がすわる折りたたみ式の椅子がひとつあった。外科の病院には、大人になってからはほとんど行ったことがないので、診察室が広くて驚いた。

しかし、もっと驚いたのは、診察をしてくれる先生が女医さんだった。三十七、八歳くらいだろうか。清潔感があって、きりっとした理知的な顔をしていた。外科医を志すくらいだから、きっと芯も強いのだろう、声がやさしいのに、話し方は男っぽかった。

恥ずかしがっていても仕方がないので、事故の模様を先生に話した。彼女は、カルテにメモをしながら、「では、患部を診てみましょう」と言った。

ズボンを脱ぎ、さて、パンツも取るのかな、とぼくは迷った。

「下着は、取った方がいいですか?」と、ぼくは訊いた。

「そうね、取ってみましょう」と先生が言った。

先生はビニールの手袋をして、睾丸のあたりを触診した。

「あ、ここが、痣《あざ》になってますね」と、左の内股を人差し指で押した。「よかったわね、ボールが上手い具合に急所を避けて、この内股に当たったのね」

「いえ、でも、あの痛みは、急所を避けた痛みとは、思えませんけど」とぼくは言った。

「うん、急所は急所なんだけど、芯を食わなかったのね」

「先生も、ゴルフやるんですか?」

「ええ、やるわよ。あのゴルフ場のメンバー。なんで?」

「芯を食わなかったって、ゴルフ用語みたいなもんだから、いまや」

「そうだわね、説明するのにちょうどいいわね、お互いゴルファーでよかったね」

「ですね」

「このあたり全体、湿布しておきますから、今日は、パンパースつけて帰ってください」と先生は言った。「歩きにくいけど、しょうがないね」

　そして、黄色い湿布薬を患部に塗りながら、

「ほら、ここも痣になってるね、だから、右の方からボールが飛んで来たのね、こっちから」と、右手に持ったピンセットを使ってボールの軌道を説明してくれた。

　パンパースをつけ、ズボンを穿《は》いてから、もう一度先生の前に座った。

「まず、これから痛みだすとは考えられないから、大丈夫とは思うけど、念のため痛み止めを出しておきます。それから、さっきのと同じ湿布薬。色がつきますから、気をつけて。ま、痛かったでしょうが、これから悪くなることは、ほぼ考えられませんから、安心してください」

　と言って、またカルテを書きはじめた。

「先生、器官的には、支障はありますか？　子供ができなくなるとか？」ぼくは、先生の横顔を見ながら訊いた。

「大丈夫だと思います。いま睾丸が腫れているわけじゃないから」

「海綿体が損傷しているってことも、ないですか?」

「それも、心配ないですね」

「それは、よかった」

「海綿体が切れてたりしたら、大きさが、そんなもんじゃないから」

先生は、そう言ってから、カルテを書く手を止めて、「あら?」とでも言うように、ちょっと小首を傾《かし》げたように、ぼくには見えた。

診察料は、ゴルフ場の副支配人が払ってくれた。

ゴルフ場に到着すると、副支配人が、「お食事、どうなさいますか? いちおう取っておきましたが」と言った。

食欲はゼロだった。それに、熱っぽかった。

「食べたくないので結構です」と、ぼくは断った。

みんなが心配して、ロビーで待っててくれているとばかり思っていたが、誰の姿もなかった。それを、副支配人に訊くと、

「みなさん、お回りになっているようですね、あと三十分くらいで、ホールアウトされると思いますよ」と、言った。

ぼくは、何か割り切れない気持ちのまま、ロビーのソファに横になった。気持ちが悪くて、少し眠りたかった。

うとうとしていると、三人が帰ってきた。慰めの言葉を期待していたわけではないけれど、みんな腹がたつくらい陽気だった。芹澤さんがスコアカードを、にやにやしながらぼくに差し出して、「ほら、見てごらんよ。売野さんの第八ホール」と言った。スコアカードには、㊎と書いてあった。

石黒くんが、いきなり「売野さん、さすが作詞家だなあって、感動しちゃいましたよ」と言った。「オレが、倒れ込んだ売野さんのとこに走ってって、大丈夫ですかって訊いたら、自分がなんて言ったか、憶《おぼ》えてますか？」

「何か、言ったかな、まるで憶えてないよ。まともなこと言える状況じゃなかったしね」

「なんだ、憶えてないんだ。『おい、石黒、海綿体が切れた！』って、でかい声で言ったんですよ」と、笑った。

阿久悠さんの別荘に向かうオールド・メルセデスの中でも、その話題ばかりだったけれど、それを締めくくるように、社長が上機嫌に、そして、しみじみと言った。

「こんなことが、目の前で起こるんだからなあ、君ら、これ、一発屋どころじゃないぞ。かならずでかいのが、もう一発来るよ。安心して待ってなよ」

阿久悠さんに第八ホールの話をすると、阿久さんも「そんな話、聞いたこともないねえ、急所をゴルフボールが直撃するなんて」と、面白がるでもなく、淡々とそう言った。

　高台にある別荘のリビングから、真っ青な海が見晴らせた。

「これは、ひょっとすると、超弩級《ちょうどきゅう》の大ヒットを当てるという、そういうことかもしれんねえ」

　阿久悠さんは、太平洋を眺めながら、つぶやくみたいに言った。

　それからちょうど半年後の一九八三年の三月の終わりに、九州の久留米から上京してきた七人組のドゥワップ・グループに、芹澤さんとぼくは、萩原暁さんの紹介で、出逢うことになる。

　チェッカーズの時代が始まろうとしていた。

「少女A」がヒットして、最初に作詞の依頼があったのは、前にも触れたが東芝EMIの鈴木孝夫さんと、CBS・ソニーの酒井政利さんからで、この年の十一月には東芝EMIから川島恵さんの「処女飛行」、十二月に、CBS・ソニーから、沖田浩之さんの「とりあえずボディ・トーク」というシングルが出て、翌八三年の二月に全曲長門大幸さんと書いたLP『BODY TALK』が発売になる。それから酒井さんは、八三年に「微熱かナ」でデビューする伊藤麻衣子さんのシングルとアルバム『夢の入口』を全曲書かせてくれた。

一九八三年になるとすぐに、筒美京平さんが、野口五郎さんの新曲を「一緒に書かない？」と、ぼくを誘ってくれた。それが「過ぎ去れば夢は優しい」という曲になり、次に、筒美さんが曲を書いた田原俊彦さんの新作の作詞者として、キャニオンレコードの羽島亨さんに推薦してくれた。が、詞は没にされてしまった。それから、河合奈保子さんのディレクターの古池鋭也さんにも推薦してもらって、八三年六月発売の「エスカレーション」を書くことができた。

初めて筒美京平さんにお会いしたのは、八三年の二月で、六本木の仕事場に筒美さんを訪ねた。

ドアを開けるなり、「おやおや、有名な作詞家が来た、来た」と言って、フフっと笑った。黒い半袖のポロシャツから出ている腕も顔も、真っ黒に日焼けしていた。ハワイでお正月を過ごしたようだった。

素晴らしく洒落《しゃれ》たマンションで、外国のホテルのスイートルームにいるみたいな気持ちになった。そして筒美さんは、ちょっとサディスティックな感じがした。バート・バカラックの気品と、ヒッチコックの映画『サイコ』のアンソニー・パーキンスを連想させるような、違う世界を見ている雰囲気があった。

後々、一緒にアフリカ旅行をしたときは、ルイ・ヴィトンの大きなトランクをふたつ持っていて、中身がほとんど洋服だったというくらい、お洒落な人だった。だから、京平先生（と普段は呼んでいる）は、音楽のことより、ライフスタイルやお洒落のことを、より多く教えてくれた気がする。

初めてご飯を食べにいったとき、「作曲家や、作詞家にとっては、目に見えないものが血になり肉となるのだから、いちばん大切なのは作詞の訓練じゃなくて、たとえば、旅行に行くことなんだよ」と、教えてくれた。「人生とか、生き方が、そのまま出ちゃうのが、こういう仕事だからね」

その食事会の前に、「服を買うなら、ここ」と、連れていかれたのは、根津美術館近くのブティックだった。「特別のレートでやってあげてね」と、店長に言うことも忘れなかった。

そんな京平先生が、河合奈保子さんの「エスカレーション」のレコーディングのとき、「次は、稲垣潤一くんの新曲、一緒にやらない？」と言ってくださった。その八三年七月発売のニューシングルが「夏のクラクション」となった。

実際に、それを書いたのは、八三年の四月の中ごろだった。

そして、「夏のクラクション」を書いた翌日、この年の九月にデビューすることが決まっていたチェッカーズのために、詞先で「涙のリクエスト」を書いた。

誰が読んでも絶対に気がつかない自信があるけれど、このふたつの曲は、同じＤＮ

Aを持つ、別々の惑星で生まれた双生児だ。

「夏のクラクション」というタイトルは、普遍的にとはいえないまでも、一九六〇年代以降に青春を送った人たちには、ある種の詩情を感じさせる言葉のような気がする。

やや話が複雑になるけれど、このタイトルで、ぼくは伊藤銀次さんに詞を書いたことがある。彼のポリスター時代の三枚目のアルバム『スターダスト・シンフォニー』という作品の中に収められるはずだった。でも、銀次さんが気に入らない様子で、結局、没になった。すごくがっかりしていたぼくを見て、木﨑賢治さんが、「ぼくは、このタイトルが好きだよ。今度、デビューする新人の曲に使わせてくれないかな？　吉川晃司って男の子なんだ」と言ってくれた。

半分慰めの気持ちもあったのかも知れないけど、気に入ってもいてくれたように思う。それで、木﨑さんとは、おたがいに約束したつもりだった。

口約束も、契約と同じ重さがある。という考え方がぼくは好きだ。おそらく、木﨑さんも、同じように考えていることを知っていた。

ところが、京平先生に頼まれた、稲垣潤一さんの新曲を詞先で書くときに、何度もそのタイトルを使いたい誘惑に駆られ、何度かは誘惑のささやきに打ち克ったのだけれど、ともかく締め切りが迫っていたので、最終的にぼくは誘惑に負けた。

「夏のクラクション」で書くことに決めたのだ。木﨑さんには断りを入れなくてはいけないので、それが本当にこころに重くのしかかってきた。

しかし、意を決して、そうと決めたのはいいのだけれど、ストーリーがなかなか思いつかなかった。そのとき、十年くらい前に大当たりした映画『アメリカン・グラフィティ』のラストシーンを不意に思い出した。

スモールタウンの高校を卒業した主人公が、東部の大学に行くことを決め、故郷の街を去る飛行機の窓から、白いフォード・サンダーバードが走り遠ざかっていくのを見つける。そのスポーツカーには、天使のまぼろしとして登場する女性が乗っているのだ。無垢《むく》なる青春の終わりのメタファーとして、このラストシーンがあった。この女性は、実はコールガールだという、皮肉なヒネリも効いているのだけれど……。

「夏のクラクション」は、もうできたも同然だった。白いクーペ、まぼろしの天使のシンボルとしての女性、無垢なる夏の終わり。遠ざかるクラクションの響きが、ガラス窓に遮られて聴こえない世界の始まり。そんなメモを書きながら、一行目から、ぼくは「夏のクラクション」を書いた。

京平先生が、「なんて音楽的な詞なんだ！　って思った。音楽が聴こえてくるから、そのままメロディを書けばよかった。だから、すぐにメロディをつけられたよ」とほめてくださった。

四月のよく晴れた午後、木崎さんに会って、「『夏のクラクション』、他で使っても

いいですか?」と、勇気を出して訊いた。木﨑さんは、ちょっと悲しげな表情になって、

「もう、使っちゃったんでしょ?」と言った。

「夏のクラクション」を書いた翌日。ぼくはチェッカーズの歌詞を書こうとして机に向かった。チェッカーズ用のふたつ目の詞だ。

萩原さんとの打ち合わせで、グループのテーマは、「八〇年代のオールディーズ、サウンドはポリス」と聞かされていた。だから、ひとつ目の詞は、四日前に書いた「テレヴィジョン・ベイビーズ」という、バグルスとかブロンディみたいなニューウェイヴの雰囲気を出そうとした詞だった。

でも、もともとドゥワップのバンドだから、似合わない可能性も考え、「涙の〜」とか「悲しき〜」とか、六〇年代風のロカビリーの匂いのするタイトルで書こうと思っていた。

それで、当然、ふたたび『アメリカン・グラフィティ』を思い出した。フォード・サンダーバードの物語は昨日書いたから、主人公の少年が、DJウルフマン・ジャックに電話をして、サンダーバードに乗った年上の女の人に、曲をプレゼントするシークエンスを切り口にして、物語を展開することを思いついた。

最後のコインに　祈りをこめて　ダイヤル回す
ミッドナイトＤＪ　あの娘につたえて　まだ好きだよと

（最初の原稿はフレーズがこの並び順だったが、曲が付く時点で、三番目と四番目のフレーズの順序が逆になった）

書き出しの二行が、すぐにできてしまった。あとは、集中を切らさず、一気に最後まで行くだけだ。言葉の素材は、いたずら書きのようにランダムに書いた単語が、すでにいっぱいメモ用紙に並んでいる。トランジスタ、ロケットも、その中から拾った。原宿クリームソーダに日曜日ごとに、遠くから通ってくる、ちょっと不良っぽいキュートな少年の気持ちになって、ぼくは紙の上の、夜中の街を駆け出した。

あっという間に、二コーラスの歌詞が書き上がっていた。書きはじめてから二時間とかかっていない。そんなことはめずらしかった。おそらく、テーマが良くて、言葉の選択が適切で、みずみずしいフィーリングと、第六感の冴えが、ちょうどよく案配された結果だったと思う。それから、いちばん大事なことだけれど、ぼく自身、こういう世界が大好きだってことだ。

でも、それが、久留米からやってきた、ちょっと不良っぽいキュートな男の子たちの未来を切り拓くことになるなんて、想像もしていなかった。

チェッカーズは、一九八三年九月二十一日「ギザギザハートの子守唄」でデビューした。これは、作詞がぼくではなくて、康珍化さんだった。「涙のリクエスト」が選ばれなかったことが不本意で、不可解だった。

チェッカーズと初めて会ったのは、目黒通りの大鳥神社の隣にある、YAMAHA音楽振興会のスタジオだった。そこで毎週、芹澤廣明さんが彼らにレッスンをしていた。七人のメンバーは、おしゃれな不良少年たちだった。

声と笑顔がとびきりチャーミングで、色気がある藤井郁弥（現・フミヤ）くん、ムードがあって、年齢以上に大人びて見えた武内享くん、人の善さが顔ににじみあふれた、ベイビーフェイスの鶴久政治くん、寡黙な心優しい少年藤井尚之くん。本物の不良少年だったんじゃないかと想像させる、男っぽい高杢禎彦くん、控えめで女性にもてそうな大土井裕二くん、世間擦れしていない、シャイで情が深そうな徳永善也くん。みんなそれぞれに個性が違っていて、それが面白かった。

スタジオからの帰り、郁弥くんが、ファッションに興味があるみたいで、「どこのシャツですか？」と、ぼくが着ていた、オレンジと赤と黄色とグリーンで配色が構成された、チェックのシャツを指して言った。

「ビギのだよ」と答えると、

「菊池武夫ですか」と言った。そしてぼくのオールド・メルセデスを見て、

「かっこいいなあ！」と、うれしそうに笑った。

八三年の初夏。デビュー曲の候補が何曲か作られ、河口湖にあった河口湖スタジオという宿泊施設もついたスタジオで、録音の合宿が行われた。一週間の予定だと聞いて、オケの録音が終わり歌入れが始まるころに、二日間だけ泊まりがけで参加した。

スタジオは富士山麓の裾野にあり、赤松の木立に囲まれていた。間近に富士山がそびえている。赤松の香りを含んだ空気も新鮮で、気持ちがよかった。森から午前中はカッコウが鳴く声が、夕方にはヒグラシの切ないような鳴き声が聴こえた。

「涙のリクエスト」、「哀しくてジェラシー」、「ギザギザハートの子守唄」のほかに、メンバーが書いた作品がレコーディングされた。

歌のダビングが始まる前に、芹澤さんから、歌詞の直しを頼まれ、何カ所か修正した。

チェッカーズのプロジェクトは、所属しているヤマハの萩原暁さんと、芹澤廣明さんのふたりがプロデューサーで、そしてキャニオンレコードの吉田就彦さんがアーティスト・リレーションと、宣伝プロデューサーを兼ねていた。

後日、レコード会社の社内では、圧倒的に「涙のリクエスト」の評判がいいと、石

黒くんから聞いた。わたされたカセットに収められた歌を聴いて、メロディと歌詞と郁弥くんの声が、絡み合ってひとつになっていると感じた。切っても切り離せない、密度の濃い関係がそこにあった。生まれたばかりの歌とは、まるで思えなかった。むかしから歌い継がれてきたみたいに、スタンダード・ナンバーのような時間に磨かれた風格めいたものが、すでにそこにあった。

もしかしたら、もしかするかもしれないと、内心ぼくは思った。

「むかしからある歌みたいだね」と、ぼくは石黒くんに言った。

「オールディーズってことですか?」と、石黒くんが訊いた。

「郷愁かな。トータルに醸《かも》し出してるものがさ、郷愁があるってことだよ。懐かしいような、そして憧れみたいな気持ちも起こさせる」

「おんなじことじゃないですか、それ」

「そうじゃなくてさ」と、ぼくは言いかけて、面倒くさくなってやめた。

人間の無意識に響く、特別な何かを持っている。こころの中の原風景をかいま見せる、素敵な力がある。そう言いたかった。それが、ぼくがこの短期間に学んだ、ヒット曲の必須条件の核心だった。

一九八三年九月二十一日、チェッカーズは「ギザギザハートの子守唄」でデビューした。

いちおうチャートには入ったけれど、でも、残念なことに、あまりぱっとしなかった。

その年の十一月、キャニオンレコードのチェッカーズ担当の制作ディレクター、吉田就彦さんの結婚式の披露宴の会場で、チェッカーズのメンバーたちに会った。元気がなさそうに見えた。キャニオンが新人にしては破格の予算を掛けて売り出しているというのに、チャートがあがらないので、不安になるのも無理はなかった。ヤマハの萩原暁さんにしても、芹澤廣明さんにとっても、自信を持って売り出したのに惨憺《さんたん》たる結果で、頭を悩ませているだろうし、メンバーと同じ気持ちでいることもわかった。

立食のパーティだったので、会場の外でタバコを吸っていると、洒落たタキシードを着た享くんと、ベージュのニッカボッカにセットアップしたジャケット、赤いロングソックスと蝶ネクタイの政治くんが、話したそうな雰囲気で近づいてきた。

「まずは、デビュー、おめでとう。遅くなったけど」

「デビューしたのはいいんですけど、これから、どうなっちゃうんでしょうね？」と、享くんがため息まじりに言った。

「三曲録《と》ってあるんだから、悲観しなくてもいいんじゃない」と、ぼくは指を折りながら答えた。

めずらしいケースだけれど、チェッカーズは第三弾シングルまできっちりと、リリースのプログラムが組まれていた。第二弾シングルが「涙のリクエスト」で、翌年の一月に、第三弾の「哀しくてジェラシー」が、その四ヶ月後の五月に発売になる。

「次のシングルは、売れるんでしょうか？」と、政治くんが不安そうな目付きをして訊いた。「オレたち、売れないと、久留米に帰らなくちゃならないんです。働かなくちゃいけないいし、ぼくんちは八百屋だから、八百屋にならなきゃなんです」

「八百屋か、八百屋も悪くないんじゃない」と、ぼくは言った。

「チェッカーズの方が、千倍いいですよ！」と、政治くんが笑った。

「チェッカーズが売れるのだったら、オレは『涙のリクエスト』だと思うよ」

「売れる感じがしますか？」政治くんが、また訊いた。

「最初から、そう思ってる。君たちも、そう思ってるんじゃない？」

「本当は、売れる気がしてます」亨くんが、瞳を輝かせて言った。

「楽曲はもちろんいいんだけどさ、あれ、チェッカーズに似合いすぎるほど似合ってるんだよ。チェッカーズの魅力が、全部丸出しになるからね。主人公の、あの健気《けなげ》な感じとか、一途《いちず》な想いとか優しさが、チェッカーズそのものじゃない、聴く人にとっては、歌頭から、ワオワオ！　だよ。君たちの魅力が本物だとしたら、かならず行くと思うよ」

「ありがとうございます！　元気になってきました」と、亨くんが言った。

「うれしくなっちゃったなあ」と、政治くんがベイビーフェイスをくちゃくちゃにして言った。「オレたちのこと、慰めてるわけじゃないですよね」

久留米弁のイントネーションがとても可愛く聴こえた。

「あのね、ビートルズ、どうやって売れたか、知ってる?」と、ぼくはふたりに向かって言った。ふたりは何の話? といった顔をして、次の言葉をハラハラしながら待っているみたいだった。

「イギリスでビートルズは、『ラブ・ミー・ドゥ』でデビューするんだけど、あんまりパッとしなかったんだ。チャートも思ったほど上がらないしね。ところが、セカンド・シングル『プリーズ・プリーズ・ミー』が第一位までチャートを駆け上がって、大ブレイクするわけさ。そのコースっていうか、作戦っていうか、それ、よくあるんじゃない。中森明菜だって、憶えてるだろ?」

「デビュー曲が『スローモーション』で、次が、『少女A』!」

政治くんが、声を弾ませて言った。

「だろ?」

「まいったなあ」と、享くんがニコニコしながら言った、気持ちのいい笑顔だった。

「ビートルズだと話がデカすぎますけど、中森明菜だと、説得力ありますね」

すると、いきなり政治くんが、神妙な顔をして、右手をぼくに差し出した。その手を握り返すと、「ありがとうございます」と言って頭を下げた。その瞳にうっすらと涙を浮かべているようにも見えた。

「あの〜、さっきのビートルズですけど」と、会場に戻りながら、享くんが遠慮がちな声で言った。「『プリーズ・プリーズ・ミー』はチャートでは一位を取ってなくて、第二位なんです」

一九八四年一月二十一日、「涙のリクエスト」が発売された。

チェッカーズのライブを新宿のルイードに見に行った芹澤さんが、「ルイード、すごいことになってたよ。『涙のリクエスト』で客が総立ちでペンライト振ってさ、泣いてる子もいるんだよ。あれ、ひょっとしたら大ヒットするかもね。あの熱さって、ちょっと尋常じゃないよ」と、言った。

芹澤さんの予想した通り、「涙のリクエスト」はじわじわとひと月かけてチャートを上り、TBSの『ザ・ベストテン』の「今週のスポットライト」に登場して、チェッカーズ人気に火がついた。

二月の末には、オリコンのチャートでベスト10入りして、みるみるうちに第二位まで駆け上がった。『ザ・ベストテン』では、三月になって第一位になり、七週連続で第一位をキープした。それにつられるように、デビュー曲の「ギザギザハートの子守唄」も、一度は圏外に消えたチャートを浮上してきた。

そして第三弾の「哀しくてジェラシー」が五月一日に発売されると、五月十四日の『ザ・ベストテン』では「哀しくてジェラシー」、「涙のリクエスト」、「ギザギザハートの子守唄」の順で、ベストテンの中に三曲がランクインするという、考えてもみなかったことが起こった。

この異常な状態が四週連続で続いた。世の中の音楽ファンも驚いただろうけど、芹澤さんもぼくも、大変なことになっちゃったなあと、本当にびっくりした。

「涙のリクエスト」が売れるでしょうか？　と訊いた享くんと政治くんに、それから話をする機会もなかったけど、ビートルズを引き合いに出したりしたぼくを、どう思ったのだろう、と時々考えた。しかし、ブレイクしたというより、社会現象にまでなってしまって、久留米に帰らなくちゃならないんです、なんて沈んだ声で言ったことも忘れてしまっているだろうなと思った。

余談になるけれど、「涙のリクエスト」でブレイクしたチェッカーズを、いちばん冷静に、分析的に、そして貪欲《どんよく》に、観察していたのは、おそらく後々プロデューサーの時代を拓いたと評されることの多い、ビーイングの長戸大幸さんではないかと思う。

『ザ・ベストテン』で一位になると同時くらいに、電話がかかってきて、「チェッカーズについて取材させてくれ」と頼まれた。約束の時間に指定されたキャピトル東急の部屋を訪ねると、取材記者の女性と長戸さんがいた。窓辺の椅子に座るように言われた。正面にビデオカメラが三脚にセットされていた。カメラとテープデッキを合わせるとかなり高価になる、ソニーの民生用のビデオカメラだった。「カメラ?」と、長戸さんに訊くと、「記録用に撮らせてもらうだけで、他には使わないから、ご心配なく」と言われた。

女性と長戸さんが、交互に質問して「涙のリクエスト」誕生までのプロセスを、歌詞の発想から歌詞の完成までに分けて、細かに質問された。精神分析でもされているような気分だった。

曲については、ほとんど問われることはなかった。ひとつだけ、「あれは、『ポエトリー』だよね」と、長戸さんに言われた。「ポエトリー」は、ジョニー・ティロットソンというアメリカの歌手が歌ったポップスの大ヒット曲で、ぼくが中学生のころ、洋楽を聴くようになるきっかけを作った思い出深い歌だった。

「涙のリクエスト」と同じように、歌の出だしがリズム楽器がなく、バラードのように始まり、途中からリズムが入ってくるスタイルをとっていた。

後々知ることになるのだが、ぼくのこころを鷲掴《わしづか》みにしてアメリカン・ポップスへ導いてくれた「ポエトリー」の日本の販売元、ポリドールの担当ディレクターは、作曲家になる前の筒美京平さんだった。ジョニー・ティロットソンは、そのあと日本向けに、浜口庫之助さん作詞作曲の「涙くんさよなら」という曲を日本語版と英語版(「Goodby Mr.Tears」)で発売して大ヒットさせるが、その企画のアイディアも筒美京平さんのものだった。

いまから振り返ってみると、長戸さんは、必死で第二の、第三のチェッカーズを作ろうと、研究を続けていたのではないかと思う。かといって、ぼくの話は、まるきり役に立った気はしてないのだけれど。

取材が一時間きっかりで終わり、帰ろうとしたとき、長戸さんが、

「どうして、『涙のリクエスト』はヒットしたと思う?」と訊いた。

「詞と曲と歌い手が、三位一体になっているからじゃないかな?」と、答えると、長戸さんはニヤリとして、ワープロ打ちされた歌詞カードを広げ、歌詞の一行を指差した。

「ここだよ!」

長戸大幸さんの自信に満ちた声が、部屋に響いた。

「この一行に、しびれたんだよ、日本全国の小中高の女の子たちが」

「ここ?」と、ぼくは言った。そこには、こう書かれていた。

夜中の街を　おまえを迎えに　駆けて行くから

この一行のフレーズの前には、

もしもあいつにふられた時は　同じ歌を　ダイヤルしろよ

とある。

「ぼくは、誰よりも、この歌を知っているんだよ。作者よりもね」

と、長戸さんが言った。

ちょっと迫力のある声だった。


八四年七月にファーストアルバムが発表されたけれど、そのアルバムのために書いた「星屑のステージ」が、アルバムには収録されずに、四番目のシングルとして八月二十三日に発売になった。

アルバムの打ち合わせのとき、萩原さんが「このバラードは、悲しい物語が見える、ドラマチックな歌詞にしてください」と言った。

「泣かせるような歌詞、ってことですか?」

「はい、思いっきり。で、ぼく、思ったんですけどね、お客さんが、あれ、これってチェッカーズのリアル・ストーリー？　なんて思ってくれたら成功かなと、はい、思います」

「私小説みたいに？」

「はい、たとえば、ちあきなおみの『喝采』みたいな詞が、はいはい、ぼくは、いいと思うんです」

ぼくは、ちあきなおみさんも好きだったし、『喝采』はよくできてるなあと、前からリスペクトしていた歌詞なので、歌謡曲とポップスの違いを見極める実験としても、とてもやりがいがあった。

それに、アルバム用と聞いていたので、余計なプレッシャーもなく、楽しんで書くことができた。

芹澤さんが曲先で書いた、アルバム用数曲のデモテープを持って、ぼくは、キャピトル東急ホテルに部屋をとって、こもることにした。で、真っ先に書いたのが、「星屑のステージ」だ。いまでも、この歌を聴くと、Bメロを歌う郁弥くんの声に、かならず目頭が熱くなる。

そして、「星屑のステージ」が第一位になっている最中に、次の第五弾シングルのデモテープが届いた。

ヒット曲に必要なすべてが揃っているように感じられる、一分のスキもない、圧倒的な勢いがある、ともかくびっくりするようなメロディだった。

芹澤さんが、魂を削るようにして書いたことがひしひしと伝わってきた。気合いの入り方が半端ではなく、聴けば聴くほど圧倒される、紛れもなくJ-POPの最高峰のひとつに数えられる傑作だ。

この「ジュリアに傷心《ハートブレイク》」は、四回書き直しをさせられて、五回目に書いた歌詞が採用されている。そのひとつひとつは憶えていないけれど、

キャンドル・ライトが　ガラスのピアスに反射《はじ》けて滲む

という書き出しの、最初の一行と、三行目の、

傷心《ハートブレイク》 Saturday Night 悲しいキャロルがショーウィンドウで　銀の雪に変わったよ

という、この二行は、第一稿のときからあったものだ。

三日で新しい詞を完成させるとして、二稿から五稿までで十二日かかる計算になる

から、第一稿を十日で書いたとしても、三週間は毎日、この歌のことだけを考えていたことになる。

　ぼくも大変だったけれど、プロデューサーの芹澤さんはもっと気をもんで、毎日胃が痛くなる思いだっただろう。チェッカーズにとっても勝負曲であり、このシングルの成否が、彼らの未来を決定するといってもよかったから、いいかげんなところで妥協したくても、妥協もできなかったに違いない。

　途中で、芹澤さんは康珍化さんにも、この詞を頼んでいたと、後で本人から聞いた気がする。また、キャニオンレコードの吉田さんは吉田さんで、三浦徳子さんに詞を発注したらしい。

　そうした、プロセスの全貌を明かしてもらったことは、実は一度もない。ただ、後年、毎週のように一緒にゴルフをやるようになって、初めて友人らしい付き合いができる関係になり、そんな中で交わされた会話の断片を継ぎ合わせ、自分なりに推測してみると、歌始まりの最初の一行が、ぼくのものを超える歌詞ができてこなかったようだ。

　超えるというのは、感覚的なことで理屈ではないのだが、かっこよさとか、言葉のノリや、グルーヴが、ぼくの一行にかなわなかった、といってもいいかも知れない。

たとえ、世界観やテーマといった全体像が、ぼくを凌《しの》いでいたとしても、特に「ジュリアに傷心《ハートブレイク》」みたいなアップテンポの楽曲では、言葉の刺さり方やグルーヴが、同じように重要だ。それが、直接楽曲の善し悪しを左右するからだ。それに、とりわけ頭の一行は、それによって楽曲の印象がガラリと変わってしまうから、誰でも細心の注意を払わざるをえなくなる。

毎回、詞を持ってスタジオや、芹澤さんのお宅に伺うと、彼がそれをア・カペラで、そしてカラオケで歌ってみる。

もともと歌手なので、歌いたくなる歌詞と、歌いたくならない歌詞を、本能的に見極めるようだった。それに、起承転結がはっきりしない歌詞には拒絶反応があった。

それで、第四稿のときに、「サビの一行目は、女性の名前を入れてくれませんか」と、芹澤さんから提案された。

「どんな名前？」

「たとえば、ジュリアとか、いいかな。で、その前に、Oh myをつけて、Oh my Julia」と、彼は歌ってみせた。もちろん、いままでのどんなサビよりも、ノリがよかった。

「わかりました。これで書いてみます」

「できたね」と、芹澤さんは、にこりとして言った。「それで、さしでがましいんですけど、タイトルね、この三行目の「傷心」を使って、『ジュリアに傷心《ハートブレイク》』ってのは、どうかな？」

「素晴らしい！」と、ぼくは、正直に言った。

まだ書き終わっていないのに、「ジュリアに傷心《ハートブレイク》」が完成した瞬間だった。

何度も書き直したお陰で、その歌詞は密度の濃いものになった。

それ以降、このレベルの密度の濃さが、自分のスタンダードになった気がする。それゆえ、自分を苦しめることにもなるのだけれど、本当の作詞家にやっとなれたように思った。


一九八五年十一月のこと。環状八号線の玉川田園調布の交差点のコンビニエンスストアで、真夜中に買い物をしながら、店内に流れていた音楽に耳を奪われた。初めて聴く歌だった。最初は声のよさにひかれた。いい歌だなあ、とメロディを追いかけて思った。疲れ果てた身体《からだ》にしみこんでくるようだった。

普段なら、そこで終わるのだけれど、言葉がやけにこころに引っかかってきて、支払いも済ませたのに、店から出られなくなってしまった。

誰が書いたか知らないけれど、嫌いな歌詞ではなかった。どちらかといえば、好きな部類の詞だ。言葉も好きな言葉が並んでいる。でも、誰かに因縁をつけられてるみたいな、不当な気分がした。

おや？　と、歌詞に耳を澄まして思った。ぼくの書く歌詞を色々なところから、ひっぱってきていることに気がついたからだ。これって、盗作とまでは言わないけれど、ちょっとひどくないかと思った。明日、事務所に言ってクレームを入れてもらおう。

「ぼくを研究してもらうのはうれしいことですが、ぼくのヴォキャブラリーで詞を書くのは、金輪際、止《や》めていただきたい！」と、クレームの文面まで考えた。

それには歌手が誰かわからなくては、と思ったところで、「あ、この声、郁弥じゃないか！」と気がついた。そして、二度目のサビを聴いて、

「これはオレが書いた歌だ！」と、やっとわかった。同時に、

「売野さんの詞を没にしてしまいましたけど、新しく自分がメロディをつけて、B面に入れておきましたから、どうぞ悪《あ》しからず」と、随分前に、芹澤さんから電話で言われたことを思い出した。

「ひとりじゃいられない」という、チェッカーズの第九弾シングル「神様ヘルプ！」のB面の曲だった。

また、間抜けなことをしてしまった。早まってマネージャーに電話しなくてよかった、と胸をなでおろした。

そして、十一番目のシングルが、チェッカーズに書いた最後の歌になった。これも、「星屑のステージ」と同じように、アルバムに収録される一曲のつもりで自由にのびのびと書いた。

「Song for U.S.A.」だ。

大学の先輩に、この歌が出てからすぐに、「U.S.A. には定冠詞の the がなくてはいけない」と、叱られた。歌詞カードには、サビが「This is the song for U.S.A.」となっているけれど、タイトルは「A Song For The U.S.A.」がいちばんいいような気がする、と先輩は言った。

近藤真彦さんの制作ディレクターとして付き合いがあった、小杉理宇造さんに「あれ、詞先でしょ?」と言われて、「曲先です」と答えたら、よく、あのサビに「This is the song for U.S.A.」ってはめられたなあ、と驚かれたことを思い出した。

小杉さんのことを紹介してくれたのは京平先生だが、その京平先生は、「ジュリアに傷心《ハートブレイク》」が発表されたとき、楽曲を絶賛してくれて、

「あんな勢いのある作品を、チェッカーズの生命線を握るこの時期に書けるなんて、乗ってる証拠だし、とても凄いことだから、このブームは当分終わらないね。だから、しっかり芹澤くんについていった方がいいよ」と、言った。

発売が、八六年六月五日だから、デビューから二年九ヶ月が経っていた。

「俺たちが同じ時代を駆けた証しに Sing for all」と、歌詞にある通り、チェッカーズの裏方として、同じ時代を駆け抜けたことを、誇らしくも、愛おしく思う。

第七章

矢沢永吉

彼にあこがれ、
彼に詞を書きたかった。
初めて会ったその人は、
やはり男が惚れる男だった。

PURE GOLD

作詞家になって以来、矢沢永吉さんから詞の依頼が来ることをずっと待ち望んでいた。

石黒くんが一生懸命に営業してくれたことには感謝していたけれど、そうやって出逢ったディレクターの人の仕事では嫌な思いをさせられることが少なくなかったせいか、営業や売り込みはしなくてもいいや、そのかわり頼まれた仕事は断らないし、誠意をもって一生懸命やろうと、知らないうちにそんな気持ちになっていて、マネージャーが石黒裕くんから生山美代子さんや塚田厚子さんに変わってから、みなさんにはそうお伝えした。

書きたい歌手の人がいなかったわけではなくて、本当は何人もいたけれど、念ズレバ通ズ、みたいな愚かなことを考えていたふしがある。念が通じたことももちろんあったけれど、どうしてぼくを選ぶのだろう？　という依頼もときにはあった。

決めたことだから頼まれた仕事は断らなかったし、当然、持てる力を出し切って書くようにした。歌詞を書くことが好きだったので、書き出してしまうと個人的な好き嫌いなんて、どうでもよくなってしまうことにも途中で気がついた。

いっさい売り込みをしないのはいいけれど、いつまで経っても矢沢永吉さんから詞の依頼はなかった。

ぼくは思い切って方針をまげ、矢沢永吉さんの制作ディレクターに会うことにした。一九八八年の夏のことだ。

東芝ＥＭＩにある広いロビーの窓際のテーブルで、ディレクターの桃井良直さんに、ストレートに考えていることを伝えた。

気がつくと、すでに二時間近く経っていた。ふたりとも夢中で話していたらしい。最後に桃井さんが、

「矢沢さんにそのお気持ちをお伝えしますから、お手紙を書いてくれませんか？　いまツアー中なのでその手紙を持って、ぼくが矢沢さんに会います。そのあとは、どうなるかわかりませんが、お手紙はかならず矢沢さんにお渡しします」と言った。

ぼくは原稿用紙にむかい、升目《ますめ》を無視して矢沢永吉さんに長い手紙を書いた。書きはじめたときは四、五枚で終わるかなと思っていたけれど、書き終えたら二十四枚に

なっていた。

数日後、桃井さんから連絡があった。「矢沢さんは、いまツアー中なので博多まで一緒にいきませんか？　小倉《こくら》のライブをぜひ見てほしいと、矢沢さんからの伝言です」と言われた。

小倉のコンサート会場の楽屋に、開演前の矢沢さんを訪ねた。矢沢永吉さんは、アルマーニのサマー・ジャケットを着て、ぼくを出迎えてくれた。アルマーニも素敵だったけれど、その気持ちがもっと素敵だった。

思ってたよりもはるかに長身なことにぼくは驚いた。そのうえ、所作が丁寧でエレガントだった。

「はるばる、こんな遠いところまでありがとうございました。なんだか、想像と違って、優男《やさおとこ》だったんで、びっくりしました。ぼくね、もっと岩みたいな人が来るって思ったのね」と、矢沢永吉さんが言った。

「岩ですか？」と、ぼく。

「四角くてゴツい感じの方だとばかり思ってましてね、ぜんぜん違いますね」

『成りあがり』の中で、矢沢さんは阿久悠さんのことに触れていたので、阿久さんのことを想像したのかなと、一瞬思った。ぼくは『成りあがり』を新刊のときに買って読んでいたし、文庫本も何冊か持っていて、時々思うことがあるとき開いては数ページを読んでいた。

矢沢さんは、ぼくの長い手紙へのお礼と感想を言ってくれて、ぼくも手紙には書かなかったが、二十歳のときに「ルイジアンナ」と「ヘイ・タクシー」を聴いた衝撃や、キャロルのコンサートを見に文京公会堂へ行ったことなどを話した。

長居は無用なので、「それでは、コンサートを聴かせていただきます」と握手をすると、矢沢さんは、

「今日は、ぼくは、売野さんのために歌いますから」と言った。

「ありがとうございます」とぼくは立ちあがって頭を下げた。

「いえ、知ってる人が見ていると思うと、気合いの入り方が違うんです。今日は、いいコンサートになりますよ。最高のコンサートにしますから、どうぞ楽しんでください」と、矢沢さんはぼくの肩に手を置き、ドアを開けてくれた。

「ね、売野さん、最高でしょ？」と、会場へ向かいながら、桃井さんが興奮した口振りで早口になって言った。「あんな人、どこにもいないでしょ？　カッコいいでしょ、カッコいい男なんですよ、ね、ね、売野さん、ハート、ガシッ！　とつかまれたでしょ⁉　そうなんですよ。人一倍繊細で、人一倍頭の回転が速いんですよ。チャーミングなんですよ。あんな男、見たことないでしょう⁉」

桃井さんは会場の照明が消えるまで、そんな調子で尽きることなく話し続けた。ころから矢沢永吉さんを愛し、尊敬していることがひしひしと伝わってきた。それは、そのままぼくの感想でもあった。

ぼくは極度の興奮状態の中でコンサートを見ることになった。もちろん、コンサートは最高の出来映えだった。

コンサートの終わった深夜、数軒のバーを矢沢さんに連れられて飲み歩いた。すでに長い手紙で矢沢永吉さんのこれからの歌詞については書いていたので、それ以上のことは話さなかった。ただ、矢沢さんもぼくのことを観察というより、魂の深いところで、ありのままのぼくを感じてくれていることがわかった。だから、ことさら気負うことも構えることもなく、おたがいを仕事の仲間として認め合うことができた気がした。

深夜三時を回ったころ、ジャズが流れる洒落《しゃれ》たバーにたどり着いた。壁も天井も床もコンクリートの打ちっぱなしで、長いカウンターと大きな木のテーブルがあるだけの店だった。MJQのアルバムが低く鳴っていた。

テーブルの端に、黒いミニのワンピースを着た、髪をボブにした女の子と、黒い長めのスカートに黒いTシャツを着た、ロングヘアの女の子が座っていた。ふたりともおとなしそうな品のいい人たちで、俯《うつむ》き加減に小さな声で話していた。こちらはぼくと桃井さんが矢沢さんをはさんで座り、少し離れたところに、この店で偶然出くわしたバンドの人が連れの女性といるだけだ。突然、

「お話し中すみません」と、長い髪の女性が緊張した声で言った。

「私たち小倉のコンサートを遠くから見に来て、今日のお昼にはまた帰るんですが、せっかく偶然矢沢さんに会えたので、ちょっとだけ話を聞いてもらってもいいですか？」と言った。

「コンサート観てくれたの、ありがとうね。あなたたち、夏休みなの？」と、矢沢さんが言った。

「はい」とボブの女性が答えた。声が震えていた。

「私たちいつも、矢沢さんのコンサートを楽しみにしていて、今年は夏休みもそれに合わせて取って、きっと矢沢さんのホテルは博多のいいホテルだと思って、高いけどがんばって予約して泊まって、昨日チェックインしてすぐに、矢沢さんの少しでも近くに行きたくて、矢沢さんはスイートに泊まるに決まってるからって、いちばん上の階までドキドキしながら行って、『あ、あれが、スイートだよ』ってチー子が言うから、何か怖くなっちゃって、『もう帰ろうよ』って言ったんだけど、チー子が『見て、あれ！』って言って、見ると、ドアの前にルーム・サービスのトレイが出ていて、足

音たてないように、泥棒みたいに走っていって、見ると、お皿の上に齧《かじ》りかけのパンが残っていて、『あ、矢沢さんが食べたパンだよ〜！』って、ふたりで見てたら涙がでてきちゃって、『どうする？』ってチー子が言うから、『もらっちゃおうか⁉』ってあたしが言って、そのパンを盗んで、半分に割って、ふたりでこうやってパンを一口齧ったら、涙が止まらなくなっちゃって、わんわん泣きながら廊下でパンを食べて、『すごくいい夏休みになっちゃったね〜』って、チー子が言うから、『またこれで一年がんばれるぞって、大変なことがいっぱいあったけど、チー子もがんばってね』って言って、そしたらチー子が『来年は、もっといいことがいっぱいあるんだよ』なんて言うんで、『永ちゃん、ありがとう』って、神社でやるみたいに、手をぱんぱんって鳴らす真似だけして、お辞儀したら、急にドアが開いて、ハゲ頭の人がルーム・サービスのトレイを、廊下に出すのが見えて、『あれ、宣伝部長かな』なんて言いながら走って逃げてきたんです。

　本当に、いい夏休みになっちゃいました。ありがとうございました。もう帰ろうと思ってたところに、永ちゃんが来て、どうしようと思ったけど、ひと言お礼だけ言いたかったんです。握手してもらっていいですか」

と言って、ふたりは矢沢さんと握手をして帰っていった。

ふたりが帰ると、急にみんなしんみりしたみたいに黙ってしまった。ぼくは、彼女たちがパンを食べる真似をしながら、涙を拭く仕草をして、また涙を流してるのを見て、もらい泣きしそうになっていた。

「いい話でしたね」と、ぼくは矢沢さんに言った。

矢沢さんはちょっとうなずいただけで、渋い顔をしていたので、てっきりファンがうるさくて怒っているのかと思ったら、ちょっと間をおいて、

「オレもね、いま、ここがね、ジーンとしているのよ」と、右手で左の胸のあたりを軽く叩《たた》きながら言った。


東京に帰ってきてぼくは、歌詞の方から矢沢永吉をプロデュースするという仮定で、十曲で構成されるひとつのコンセプト・アルバムの構成を考えたプランを企画書にすると、桃井さんを通じて矢沢さんに送った。

数ヶ月後、一九八八年の冬が始まるころ、矢沢さんからスタジオに来てくれないか、と連絡があった。

一本のデモ・テープが用意されていた。

「とりあえず、お聴きください」と、矢沢さんが言って、カセット・デッキの再生ボタンを押した。

矢沢さんがアコースティック・ギター一本で歌ったテープだった。

「特に注文はありません。サビの頭のフレーズ、これ、使ってくれたら、うれしいかな、なんて思ったりもしますけれど、Somebody's Night 誰かの夜……。しかし、判断はおまかせします。締め切りは一週間でよろしいですか?」

「充分です」

「売野さんが考える、矢沢を書いてください」

「承知しました、では、一週間後に」

何度もデモテープを聴いて、サビの頭のフレーズは「Somebody's Night」以外にないと確信した。誰かの夜。これが何を意味するか。それが、この歌詞の生命線だ。ぼくは、それを考えることだけに集中した。言葉の中に発見されるのを待ちながら、物語が、息を潜めている気配がした。矢沢さんの声と息づかいの間からそれが漂っていた。

最初の二日間は、メロディを身体《からだ》に染み込ませるように繰り返し聴き、こころを横切っていく言葉を原稿用紙にメモしながら、Somebody's Night というひと言が象徴する意味を、謎を解くみたいに追いかけることに費やした。

物語の主人公は自分でありながら、他人の夜を過ごす。それだけでもサスペンス映画のようで、きらきらと魅惑の光線をぼくに送ってくる。

あ、「偽名」か……。

あっけなく探し当てたキーワードをぼくは原稿用紙の真ん中に書いた。すると、このキーワードに引きつけられる惑星たちのように、次々と物語の主人公たちの匂いや持ち物や気持ち、発する言葉までもが、偽名を中心に軌道を描き回りはじめた気がした。ぼくは「偽名」の周囲に、それらを忘れないうちに、4Bの芯を入れたブルーのステッドラーのホルダーで乱暴に書き留めた。

Somebody's Nightが鍵穴だとすれば、偽名は、鍵穴にぴたりと嵌《はま》る鍵だった。その鍵を鍵穴に差し込み右に回すと、カチリと錠が外れる音がして、開いたドアの向こうに、まだ誰も知らない世界がきらきらと甘い香りのする光線を放っているのが見えた。そんな感じだった。

偽名のサインが切ない避暑地

この一行が、決定的だった。他に代わるものがない、という意味でも、二行目の、

せめても魂《こころ》は裸にしなよ

を呼び寄せる意味でも。

矢沢さんがプリプロダクションをしている代々木の近くのスタジオへ、ぼくは自信を持って駆けつけた。もちろん、ＯＫがでるまではいつだってドキドキするものだけれど。

　矢沢さんは真っ白なＴシャツにベージュのチノ・パンツで、このシンプルなスタイルが絵になってる。たいてい何も考えずに、誰もがよくこのスタイルをするものだけど、ちょっとやそっとではなかなかこの域には到達することができない。矢沢さんのかっこよさは例外だ。まだ「ＬＡ　ＶＩＥ」をやってたころ、矢沢さんを一度だけ見たことがあったが、そのときも同じ格好をしていて、本当に様になっていたので見とれたことがあった。

　矢沢さんは、コンソールの前の椅子《いす》に腰掛け、一文字一文字を吟味するみたいにじっくりと詞を読んでいた。時々、フレージングを考えるように口を動かしながら。五分近くそうしていた。そして、椅子を回転させ、ぼくを振り向くと、

「売野さん、すごいね……。これだよ、こういうのを、矢沢は待っていたんです、いやあ、うれしいな」と、矢沢さんは言って、左手にぼくの手書きの原稿を持ち、右手の親指と中指を使ってフックのように曲げた中指に反動をつけ、その爪で原稿をパンパンパンと弾《はじ》いて、

「これだよね、こういうのを矢沢は、歌わなくちゃいけないんだよ、最高だよ、まい

ったね、どうもありがとう」と言った。

こんなに感動してくれるアーティストに会ったのは初めてだった。ぼくは感激して目頭が熱くなるのを感じた。

こんなに正直に、自分の気持ちを表現できるなんて、なんて素晴らしい男なんだろう、素敵な男なんだろう。

「これから、さっそく歌ってみますから、今日はどうもありがとう」と矢沢さんは言った。歌うところを見てほしくないという意味だとぼくは思った。

そして、目の前に差し出されたぼくの右手を握り返すと、

「本当に、よくぞ、ぼくの前に現れてくれました、感謝してます」

と、あらたまった口調で矢沢さんは言った。

数日後、高輪《たかなわ》の仕事場の電話が鳴った。出ると、

「矢沢です」と矢沢さんの声がした。

本人からかかってくるとは思っていなかったので、ぼくは思わずソファから立ち上がってしまった。

『SOMEBODY'S NIGHT』の二回目のAメロなんだけど、いま『凍った』となってますね、これ、音をひとつ増やしたいんだけど、三音を、ひとつ音を増やして、四つの音の言葉にしてもらえますか？　とりあえず直しはそこだけです、あとは最高だ

よ」

「矢沢さん、そしたら、そこは、『凍《こご》えた』としていただけますか?」

と、ぼくは言った。すると、矢沢さんは、

「え、もう、できちゃったの⁉　速いね、作詞家ってすごいね」

と言った。

一九八九年四月二十六日、「SOMEBODY'S NIGHT」は矢沢永吉の二十四番目のシングルとして発売になった。チャートは最高で第二位。いま聴いても男のセクシーさと、詞中に出てくる「情事」ということばのように、濃密なムードが漂う傑作だと思える。矢沢さんのセクシーで哀愁を帯びた声が、聴くたびにこころの深いところへしみてくる。

歌の技術とか表現力とか、簡単に言ってしまいがちだけれど、声ひとつで情景から心情まで描写し、さらに人間の存在の儚《はかな》さや哀しみまで表現できる矢沢永吉を、ぼくは畏怖《いふ》の念をもっていつでも見上げている。

そして、十曲中九曲をぼくが書いたアルバム『情事』は、八九年の六月二十一日に発表され、チャートを二位まで駆け上がった。

矢沢永吉という稀有《けう》の歌手・音楽家に出逢って、作り上げたひとつひとつがぼくにとっては宝石のような作品だ。

1　SOMEBODY'S NIGHT
2　赤いルビー
4　太陽の領域《テリトリー》
5　夜間飛行
6　FLESH AND BLOOD
7　早冬《ふゆ》の気配
8　哀しみの彼方へ
9　CRAZY DIZZY NIGHTS
10　愛しい風

この年、「SOMEBODY'S NIGHT」、「愛しい風」、そして「バラードよ永遠に」がシングルとして発売された。

そして翌年の一九九〇年、シングル「PURE GOLD」がチャートの第一位にランキングされた。No.1に輝いたのは「時間よ止まれ」以来十二年ぶりのことだった。

「時間よ止まれ」は、ぼくが初めて買った邦楽のドーナツ盤で思い出深い作品だけれど、レコーディングのデータを見てみると、「キーボード坂本龍一、ドラム高橋幸宏」

と記されていてやはり違うなあと思った。録音は一九七八年の一月とある。ちょうどY.M.O.が結成されたころだ。

そういえば、幸宏さんに矢沢さんのことを聞いたことがあった。

「矢沢さんって、幸宏さんから見るとどういうミュージシャンなんですか？」と質問をした。

「あの人はすごいよ」というのが、幸宏さんの第一声だった。「ミュージシャンが全員、あの人と演《や》ると乗りが変わっちゃうんだよ。すごい乗せ方なんだ、ともかく。音楽が変わっちゃうんだから」

そんな言葉を思い出して、もう一度「時間よ止まれ」を聴いてみるとグルーヴがすごい。幸宏さんのドラムも矢鱈《やたら》カッコいいし、坂本さんのキーボードは曲を決定づけるフレーズをいくつも随所にちりばめている。三十年以上前の作品とは思えない。

ちょうどその時代だったが、青山三丁目の交差点から神宮球場へ抜けるあたり、ビクター・スタジオの近くに、Fool's Paradiseというカフェがあった。洒落た店で、伊藤銀次さんのアルバムにもその店の名前をタイトルにした曲がある。

そのカフェで「LA VIE」のデクちゃんと一緒にコーヒーを飲んでいたら、ふらりと矢沢さんが入ってきたことがあった。そのときも、アイロンの効いた真っ白なTシャツとチノ・パンツ姿が、特別なスタイルのように思えた。

デクちゃんは、かつて東急エージェンシーで矢沢さんが出演したコマーシャルを撮ったときからのつきあいなので、ちょっとした世間話になり、持っていた「ＬＡＶＩＥ」を矢沢さんに見せた。二号目が出たばかりのころだったと思う。すると、矢沢さんが、「へえ、カッコいいね、どれくらい数、出てるの?」と、訊いた。

デクちゃんは、本当のことは言えないという顔でぼくを見て、「ウリちゃん、部数いくつだったっけ」と、ぼくが答えるように仕向けてきた。ぼくは、まさか二万部ではいくらなんでもサバの読みすぎだよなあと思いながら、「八千部です」と答えた。嘘の数だが、広告会社の感覚で言うと、八千なんて部数と呼ばないいみたいな雰囲気があるから、かなり遠慮した嘘だ。すると、矢沢さんは、お、という顔つきになり、「八千? すごいね」と言った。「それ、どういう数かわかる? 八千といったら、武道館、満杯よ。あの武道館を満杯にできるってことだよ」と、そう言って、ぼくを驚かせた。

一九九五年に発売された『この夜のどこかで』というアルバムに収められた「Love Chain」という曲がある。ひさしぶりに矢沢さんに書いた歌詞だったが、マネージャーの竹田さんから「ボスが、やっぱり変わらないね、って言ってましたよ」と事務所に電話があった。これがきっかけでそのアルバムの半分を書かせてもらうことになった歌詞だ。その中に、地味だけれど、大好きなフレーズがある。

　岬の向うに　花火が上がるよ
　忘れてた気持ち　連れながら
　そよぐ夏服が瞳《め》にしみる

　この歌詞を歌う矢沢さんの声を聴くと、いつも特別な気持ちになる。郷愁もある。憧れもある。哀しみもある。ささやかな幸福もある。生きることへの問いかけがある。つまり、人生のほとんどが、一瞬にして、その声の中に出現するのだ。こんな歌手に出逢えたことを、ぼくは本当に感謝している。
　この声を聴くと、生きることが、愛おしくてたまらなくなるのだ。

彼の美意識、
直感の精確さと、
強烈な本能。
その音楽のエロティシズムに、
いつも圧倒され
ぼくは感動する。

美貌の青空

坂本龍一

第八章

一九九五年二月のある日。

「ニューヨークから一時帰国する、坂本龍一さんが、ダウンタウンが歌う歌詞を、売野さんに頼みたいそうですが、どうなさいますか？　フォーライフの菅谷さんからご連絡ありました」

昼過ぎに起きたら、マネージャーの塚田厚子さんから留守電にメッセージが残されていた。

「明日、打ち合わせで締め切りは明後日です」と、憤慨しているような、面白がっているような、複雑なトーンの声でメッセージが終わっていた。

坂本さんから、詞の依頼があるなんて思ってもいなかったので、選んでもらえて光栄だけれど、なぜぼくなんだろう？　と、ドキドキしながら思った。締め切りまで一日しか猶予がないのもスリリングで、詞を書きはじめたころみたいに、こころの底からワクワクした。

ぼくは、さっそく、キャピトル東急ホテルの部屋を予約した。翌日から二日間の予約だ。それから、いつもお世話になっている気功の小林文雄先生の翌日の予約も取った。これで準備万端。もう何も心配ない。あとは、書けることのすべてを書くだけだ。

小林先生には、ここ何年か、詞を書くときにはたいてい気を入れてもらいに通っていた。その間、二回ほど、ぎっくり腰にもなったけれど、総合病院の整形外科に行ったら即入院しろと薦められたのを、振り切って逃げてきて、小林先生にその場で治してもらったこともあり、絶対的な信頼をよせていた。

坂本さんに会うのは二度目だった。一年前、FM福岡の『マッハヤ・リアル・リゾート』という、ぼくがホスト役をしていた一時間のインタヴュー番組に、坂本龍一さんがひと月の間ゲストとして出演してくれたことがあった。番組は、ひと月分にあたる二時間半くらいのインタヴューを、一度に収録していた。

塚田さんが、フォーライフの担当ディレクターに聞いたところによれば、すでに、ダウンタウンの関係の人が同じメロディで歌詞を書いたのだけれど、坂本さんがそれを気に入らなくて、「プロフェッショナルな人に書いてもらった方がいいよ」ということになって、ぼくの名前があがったらしかった。「売野さんの名前が、教授の口から出てきたんでびっくりしました。お知り合いなんですか？」と訊かれたそうだ。

翌日の午後、坂本さんがレコーディングをしている駒沢のパラダイススタジオに行った。

コンクリート打ちっぱなしのモダンな外観で、中に入ると天井が高く開放感があり、気持ちよいほど空間を贅沢に使った設計だった。ケチ臭いところがひとつもなかった。豪華というのではなくて　ひたすらセンスのよい建築で、坂本さんの好みだとわかった。

しばらくミーティング・ルームで待っていると、坂本さんが黒い洒落《しゃれ》たトートバッグを片手に現れた。黒いシャツとパンツ、その上に焦茶のモヘアっぽいブルゾンを着ていた。

緊張するわけではないけれど、こちらの頭がきりりとする、そういうオーラがあった。

フォーライフ・レコードの菅谷さんが、カセットをデッキにセットして、エレクトリック・ピアノでメロディを弾いた曲が流れた。品のあるやさしいメロディだった。

「少年っぽい感じが、いいかなって、思ってるんだけど」と、坂本さんが言った。

「ピュアで、健気《けなげ》な気持ちが、こころを打つような歌詞がいいかな、どう?」

「そういうメロディですね。ニューヨークのセントラル・ステーションみたいな絵が、浮かんじゃいましたけど、日本じゃなくて」と、ぼくが言うと、小さな笑いが起こった。坂本さんは何か感じたように、

「あ、そういうのもいいかもね」と言った。

そして、用意されていた譜面を指差して、「ここのところは、ライライライライライライって、やってもらって、言葉はいりません」と言った。

「それから、締め切りなんだけど」

「明日、ですね」と、ぼくが答えると、

「大丈夫?」と、言って笑った。

「書けますか?」とディレクターが言った。

「多分」

「メロディを聴いて感じたまま、本能で書いてください」と、最後に坂本さんが言った。

　ぼくは、そのまま気功に行き、それから赤坂のキャピトル東急ホテルにチェックインした。

　小林先生には、「大切な仕事を今夜書かなくてはいけないので、いつもより強めに、限界ぎりぎりまで入れていただけますか」と頼んだ。そのせいで、ほとんど先生は手も触れないのに、ホテルに着いたころには、脊椎《せきつい》の上から五、六番目の骨の横が釘を刺したみたいに痛くなっていた。

夕食はサーモン・ステーキと矢鱈《やたら》ヴォリュームのあるシェフ・サラダ。多少の助走期間をおいて、九時から仕事に取りかかれる予定だ。

テープを繰り返し繰り返し何度も聴くことから、普通、曲先の作詞は始まる。少なくとも一時間くらい聴かないと、メロディが身体《からだ》に入らないから、ぼくは最初に十回以上は聴くことにしていた。譜面は読めないけれど、譜面を見て始まりから終わりまで、諳《そら》で歌えるようにならない限り、メロディが求めている歌詞は書けないような気がする。

メロディはもともとエモーションからできているから、こちらも感情で応えるわけだけれど、この饒舌《じょうぜつ》なはずの、曲のエモーションとのコミュニケーションの中身が浅いと、やはり底の浅い歌詞しか書けない。

それとは反対のケースもあって、エモーションが浅いというか薄っぺらな旋律《せんりつ》というのも当然あるわけで、それがいちばん困る。その底の浅いメロディに合わせて書くと、百パーセントつまらない歌になる気がする。それだけならいいけど、歌詞が悪いからつまらないのだと、作詞家のせいにされてしまうときもあったりする。

だから、そういう場合は、曲が悪くてぼくには書けませんと最初から断るか、あるいは、曲がよく聴こえるように必死でがんばるか、どちらかだ。そうはいっても、ぼくは第一番目の選択肢を選ぶ度胸があったためしがない。幸いなことに、ぼくはそんなにひどいメロディにはめぐりあうことが少なかったけれど、それでもいくつかは気が重くなるような曲に歌詞をつけさせられたこともあった。

坂本さんの曲を、メモを取りながら、ただひたすら聴いた。構造がしっかりしているので、感情の流れが途切れることなくクライマックスへ向かっていく。無駄なものがない。そして少しずつ霧が晴れていくように、聴くたびに、全体のイメージが浮かび上がってくる。

美しく太いエモーションの流れに身を委ねているだけで、坂本さんが言った少年っぽいという言葉の意味が、次第にわかりかけてきて、タイトルはそのまま「少年」に決めた。

二時間ほど経っていた。原稿用紙の上にメモが残っている。ぼくはそれをもう一度読んだ。

駅、セントラル・ステーション、すべてのものになり得た少年が、いつしかひとつずつその憧れの芽を摘まれていく、都会の片隅の孤独な小さな挫折の物語。長距離列車、誰もぼくの名前を知らない。Nobody knows my name、ジェイムズ・ボールドウィン、少年の最後の夏、帰れない夏。

トータルなイメージは捕まえた手応えがあった。あとは、最初の一行が書ければ、一息に書ける気がした。

ここで休憩することにして、ルーム・サービスに頼んだコーヒーをのんだ。それから、頭痛がしていたので頭痛薬ものんだ。

日枝神社の木立の黒い影を見ていたら、不意に、夜の神宮球場を思い出した。それから、いつか都心へ向かう中央高速道路を走りながら見た、低く立ちこめた雲に赤く反射している、新宿の街の灯りを、脈絡なく思い出し、お、と思った。

野球場の真上だけ夜空《そら》が明かるいね

忘れないうちに原稿用紙に書いた。でも、次の二行目次第で、一行目が死んでしまうことがわかっているので、喉が渇いてくる感じのあせりを覚えた。できるだろうか？

二行目には一行目の情景描写を、主人公の物語に直接結びつける比喩《ひゆ》が必要なことはわかっている。原稿用紙の上に乱暴な鉛筆の文字で書いたメモを眺めながら、「少年の最後の夏」という文字に目が止まった。あと一歩だ。

「野球場の真上の夜空の明かるさ」が、少年の物語と結びつき、なおかつ、それをメタファーとして機能させるための言葉を必死で探した。一瞬、息が止まりそうな興奮を覚えて、右手の鉛筆で原稿用紙に書き留めた。最初の二行ができた瞬間だった。

野球場の真上だけ夜空が明かるいね
そっと開くアルバムの中の夏の日みたいに

ぼくは万歳！　を叫びたいような気持ちだった。興奮して眠れそうにないけれど、今日は寝て明日残りを一気に書こう。明日が締め切りだというのに、気持ちに余裕が生まれていたのは、最初の二行に絶対的な自信があったからだと思う。ここまで書ければ、あとはメロディの命ずるまま書けばいい。

さて、寝よう。と思ってバス・ルームに向かった瞬間、ぼくは、体験したことのないような目眩《めまい》に襲われ、ベッドに倒れこんだ。目を開けると天井がぐらぐら回っていた。

フロントに電話をした。このホテルには医務室があって、そこに昼間なら医師がいるからだ。フロントの人が医者も夜間は帰ってしまうと言った。救急車をお呼びしますか？　と訊かれ、ぼくは目を閉じたまま、様子を見ますと答えた。

マネージャーの塚田さんに電話して事情を話すと、気功をしたせいで血行がよくなっているところへ、頭痛薬をのんだので薬が効きすぎているのではないか、と言われた。一時間くらい起きていて、それでも目眩が続くようなら病院へ行った方がいいと、彼女は言った。しかし、起きているのもなんだか面倒なので、着替えをして寝てしまうことにした。

翌朝。

すっきりと目が覚め、一階のコーヒー・ハウス、オリガミで朝粥《あさがゆ》定食を食べた。壁際のソファ席から少し離れたテーブルに、台湾の映画監督、侯孝賢《ホウシャオシエン》によく似た人がいた。ぼくがいちばん好きな映画のひとつ『恋恋風塵』を撮った人だ。紛れもなく本人だった気がする。侯孝賢の作品を、ぼくはほとんど見ていた。

ついでに言うと、もうひとつのベスト・フィルムはフランソワ・トリュフォーの『大人は判ってくれない』。どちらの映画の主人公も少年だ。こりゃあ、朝から縁起がいいや、と、ぼくは、いい気分のまま仕事を始めることにした。その前に、日枝神社の境内《けいだい》を散歩することも忘れなかった。

部屋に戻り、坂本さんに言われたように、本能のまま一気に最後まで書いた。二時間ほどで書けたけれど、細かいところまで完璧に仕上げておこうと、さらに二時間かけて推敲《すいこう》をした。

カリグラフィペンを使って清書した原稿を、フロントからファクシミリで事務所とフォーライフ・レコードに送った。すでに午後三時を過ぎていた。

直しが入ることを予想して、夜の予定は何もいれてない。いつでもパラダイススタジオまで駆けつけられる態勢にしてあった。坂本さんが目を通すのも夕方か夜だろうと考え、ぼくはジムに筋トレをしに行った。

夕方、事務所に連絡すると、

「菅谷ディレクターが喜んでましたよ」と塚田さんから教えられた。

「坂本さんが、どうも先に読んでいたらしくて、菅谷さんが『どうですか？』と訊くと、『それが、いいんだよ。いい詞なんだよ』と言われたそうです」

「そりゃ、うれしいね」

「『それが……』だけ、余計じゃないですか？」と彼女が言った。

「いや、よく考えると、そっちの方が、よりほめていることにならない？　驚いた、ってニュアンスも入るじゃない」とぼくが言った。

「パラダイスに七時か八時に来られますか、ということです。細かい直しがあるみたいです、一、二カ所」

坂本さんに会うと、にこにこしながら「さすが！」と言われ、握手を求められた。すごくうれしい瞬間だった。

ミーティング・ルームで話し合いながら、その場で二カ所の言葉を変えて、原稿が完成した。

ダウンタウンが来て歌を録音するのは翌日だった。もちろんぼくも歌入れにつきあった。

ぼくはいまでもこの「少年」が大好きだ。


「少年」から数ヶ月経った、初夏。

坂本さんのマネージャーの岡部さんから「坂本のニューアルバムの作詞をお願いしたい」と言われた。

坂本龍一の音楽を愛していたので、「少年」とは比較にならないくらいのプレッシャーを感じながら、坂本さんの事務所に打ち合わせに行った。

全体がダークなトーンで統一された部屋の真ん中に、黒いレザーのソファと、背の低いガラスの大きなテーブルが配置されていた。テーブルの上には写真集が数冊積まれ、ニューヨークにいるみたいな雰囲気だった。

曲を聴かされて、あまりにも美しい曲なので、ぼくは「歌詞がなくてもいいくらいですね」と本当の気持ちを言った。

どんな歌詞にしたらいいいか、坂本さんも迷っているようだった。

「どんな詞がいいのか、自分の考えもまとまっていないんだ」

と、坂本さんが言った。

「いちばん大事なのはムードじゃないですか?」とぼくは言った。

内容はもちろん大切なのだけれど、曲の持っている深いエモーションを邪魔するような言葉だったら、歌詞をつける意味がない。ぼくはそう思った。

「どんな感じがするの?」と坂本さんが訊いた。

「エロチックってことですね。それが描けたら成功だと思います」

「でも……」と坂本さんは言った。

「もちろん、ベッドがあったり、キスしたり、抱きしめたり、そういうことはしないんです。坂本さんが歌うのが恥ずかしくなるような言葉はいらないかなと思います」

この旋律から選ばれた言葉だけで、そのエモーションとムードから選ばれた言葉だけで、小さな宇宙をつくることが歌詞に与えられたミッションのように感じていた。

「全体が深いエロティシズムに貫かれているんです」

具体的なテーマや世界観について話し合うことがないまま、ほとんど雑談に近い話から、ぼくは坂本さんのメロディが求めている言葉を感じようとしていた。

すごく難しい作詞の作業になることは予想されたけれど、なんだかいい歌詞が書けそうな気持ちがしてきたのは、このメロディやサウンドが指差している向こうに、ぼくの大好きな世界がある気がしたからだったと思う。

「ともかく、本能のまま、ですね」

「そう、本能に従って書いてください」

ほぼ十日くらいで、第一稿の詞が完成した。

最後までタイトルで悩んだ。歌詞はあるのに、それにふさわしいタイトルを考えつくことができなかった。

というのは、詞を書いている途中から、その内容やムードに金子國義さんの絵との親和性を見つけてしまい、金子画伯の「美貌《びぼう》の青空」というタイトル以外に考えられなくなってしまったからだった。

それなので、あとで金子先生にはご挨拶をすればいいと勝手に考えて、「美貌の青空」というタイトルをつけて坂本さんに手書きの原稿を送った。自信がないわけではなかったけれど、欄外に〝Draft 1〟と書いた。草稿といった意味だ。

すると数日後に、坂本さんから、メッセージがあった。

「タイトルおよび、使われている言葉、すべて気に入っています。このタイトルと、それから、現在書かれている言葉を変えないで、別の歌詞を作ってください」といった内容だった。

それが可能だと思っているところに、ぼくは感動した。

最初は、当然だけれど、言葉を変えずに、別の詞を書くなぞ、できるわけのない注文だと思った。しかし、一日と経たずに、自分がその原稿の下絵に、ホモセクシュアルな匂いを入れていることを思い出した。

その匂いを、本能的に感じとって、全部好きなのに、どこかが嫌いという結果になったのではないか、と思い当たった。あるいは、それがホモセクシュアルな歌詞だと直感したか。どちらかだった。

どちらにしても、坂本さんの直感の精確さと強烈な本能に、ぼくは感動させられていた。

ぼくは、同じタイトルで、同じ言葉を使って、別の物語を書いた。

一週間後、最後の一行をのぞいてＯＫがでて、ほぼ完成形ができあがった。最後の一行の「真夏の楽園」という言葉は、ぼくがレコーディングのスケジュールに間に合わなかったので、坂本さんが考えた言葉だ。ぼくの原稿には「真夏の流刑」となっていた。

いまから考えると、「真夏の楽園」にしておいてくれてよかった、と思っている。

トラック・ダウンが済んだ「美貌の青空」をカセットに入れて、毎日クルマで聴いていた。イントロからデモニッシュでエロチックな世界が目の前に出現するスリルにぼくは酔った。なんてすごい楽曲なのだろうと、果てしなくため息が出る想いがした。

当然、クルマに乗ってくる友人たちは、それを聴かされた。

音楽に携わっている人たちは、一様に感嘆の声をあげた。特に面白い反応をしたのは、荻野目洋子さんで、クルマの後部座席から身を乗り出して、「売野さん、これ、どうしちゃったの⁉　誰？　誰？　誰なの？」と、デモニッシュなムードに感化されたように、突如騒ぎだしたりした。一緒に乗っていた平岡威一郎さんは、「こういう詞だったら、ぼくも書きたいと思う」と言った。

彼は、その数年前、詞を書いてみたいので弟子入りさせてくれないかと、塚田厚子さんの紹介でぼくのところへやってきたが、才能があふれるようにあるのに、典雅すぎる詞しか書かなくて、「いっちゃん、ぼくがやってるのは通俗的な歌謡曲やポップスだから、そこまで雅《みや》びやかな詞は誰にも求められないよ」と、半年ほどであきらめてもらったことがあった。お父上の三島由紀夫さんの気配を感じさせる、『気が触れる』という美しく悲しい恋歌を一篇ぼくの手元に残したまま……。

また、アルバム『スムーチー』が発表されると、何かの雑誌で鈴木慶一さんが、「美貌の青空」を評していて、「音楽的な達成はもちろんだが、この歌詞は、九〇年代で最高の作品と早くも断言できる」といったことを書いてくださった。ぼくは作詞家になって初めてほめられたような気持ちになった。

そのすぐ後で、偶然、麻布十番のクチーナ　ヒラタというイタリアンレストランで鈴木さんをお見かけしたとき、まったくの初対面だったが、「ありがとうございます！」と、握手を求めずにはいられなかった。

タイトルに関する話には、後日談がある。

タイトルを拝借したことをご報告して、怒られたら謝ろうと思って、青山で個展を開いていた金子國義さんを訪ねた。その日が個展の初日だったのか、金子さんは少し酔っぱらっていた。

ぼくは思い切って、

「先生、『美貌の青空』というタイトルを、坂本龍一さんのアルバムに書いた詞で、タイトルとして使わせていただきました。勝手に使ってしまってすみません」と、謝った。すると金子さんは、

「そのタイトルなら、ぼくも、使ったことがあるわよ」と、むしろ上機嫌に言った。

ちょっと意味が通じなかったのかと思い、

「無断で使わせていただいて、よろしかったですか?」と訊いた。

「ぜんぜん、かまわないわよ」と、金子國義さんは言った。

それから、さらに数ヶ月後、坂本さんの事務所に行ったら、会うなりうれしそうな顔をして、

「『美貌の青空』、ニューヨークで見つけたよ。土方巽でしょ? 土方巽のこんなぶ厚い本を、ニューヨークの書店で偶然見つけて、自分の本みたいな気がして買っちゃっ

たよ」と、どっきりするようなことを言った。

ぼくは動揺して、

「土方巽も、『美貌の青空』なんですか？　ぼくは金子國義の絵のタイトルしか知りませんでした」と言った。

それが、中谷美紀さんのアルバムの第一回目の打ち合わせのときだった。

土方巽遺文集『美貌の青空』を、ぼくもあわてて探して買い求めた。土方巽が亡くなった翌年の一九八七年に筑摩書房より刊行されている。編者は、吉岡実、三好豊一郎、澁澤龍彥、鶴岡善久、種村季弘、元藤燁子。広範にわたっていてまとまっていなかった土方巽の著作をひとつにまとめようと集まった、編者たちの初めての会合で、書籍の名前を決めることになり、即座に『美貌の青空』と提案したのは、詩人の吉岡実さんだったと書いてある。

MIND CIRCUS

第九章

中谷美紀
楠瀬誠志郎
団優太
中村獅童

ぼくにしか書けない
詞があることを、
詞のムードと
言葉の連なりが放つ匂いで、
ぼくは確信した。

中谷美紀さんに書いた作品のすべてを、ぼくはいまでも自分の代表作だと考えている。

一九九六年のアルバム『食物連鎖』の打ち合わせをしたときには、そういう作品が書けるとは想像していなかった。すべては、中谷美紀さんという稀有《けう》の存在感を持った女優と、坂本龍一さんのメロディとプロデュースに導かれて書くことができたと思っている。

『食物連鎖』に書いたぼくの詞は「MIND CIRCUS」、「STRANGE PARADISE」、「汚れた脚　The Silence of Innocence」、「WHERE THE RIVER FLOWS」、そしてポエトリー・リーディングとして中谷美紀に朗読される「sorriso escuro」という、どれも忘れがたい作品になった。

いま、五つの詞をアルバムに収録された順序であげたけれど、書いた順番もそのままだ。

最後の一曲を除く四曲のメロディが入ったカセットを持って、ぼくはまたキャピトル東急ホテルの十階１０４０号室にこもった。もちろん気功の小林先生のところにはチェックインする前に行った。

エレベーターを降りると、赤い絨毯《じゅうたん》が敷かれ暗い金色の壁紙が張られたエレベーター・ホールがあり、廊下が、左右と正面と三つのウイング棟に伸びている。ホールにはたいていカサブランカの生花が飾られている。１０４０号室は、いちばん奥行きのある正面の棟に進んで右側の最初の部屋だ。

部屋の窓からは、正面に日枝神社の鳥居と楠《くすのき》の大木が見える。そして、窓の右手には、エレベーター・ホールで分かれた、右側のウイングの棟の窓が見える。ここは最上階なので、右のウイングはすべての部屋がスイートルームの棟で、窓から見えるのはいちばん大きなプレジデンシャル・スイートだ。

何年か前に、このプレジデンシャル・スイートに泊まっていたマイケル・ジャクソンが、窓辺に腰掛けて眼下のファンに手を振っているのを、１０４０号室の窓から見たことがあった。距離にしたら十メートルそこそこ。目の前に、マイケルがぼくと同じように窓辺に腰掛けていた。二十センチほど横に滑らせて開けた窓から片腕を出して、眼下の玄関前に集まったファンたちに手を振っていた。ファンの歓声よりも大きく、キャキャキャキャと笑うマイケルの無邪気な声も聴こえた。その子供みたいな邪気のない笑い声を聴いてから、ぼくは音楽だけでなく、マイケル・ジャクソンその人のファンになってしまった。

中谷美紀さんの作詞は、一日目も二日目も、何も書けなかった。何を書いても、坂本さんのメロディにピタリとこなかった。曲と比べると、はるかに見劣りしていた。力不足。足元にもおよばない、というやつだ。坂本さんに、このメロディを書かせたエモーションに、まだ自分のテンションが届いていない。

先が見えない日が、三日四日と続いた。すべての曲を聴いてみるが、やはりM−1から手をつけたくなる。難問から解決しないと全体のクオリティが甘くなる気がするからだ。もともとのんびりした性格だけれど、一行も書けないとなると、いつまでこのモヤモヤが続くのだろうと、さすがに苦しくなってくる。気分転換にジムに行ったり、マッサージもしてみるが、いっこうにラチがあかない。

一週間が経った。七日で四曲を、せめて三曲は書き上げようと思っていたから、部屋は一週間だけ予約していた。それが一行も書けないまま一週間を超えた。で、予約をさらに一週間延ばした。

しかし、あきれたことに、それでも書けなかった。こんなことは、作詞家になって初めてのことだった。まいったなあ、よわったなあ、と思っているところへ、ドアの下からA4サイズの封筒が投げ込まれた。ホテルの封筒で、封はしてなかった。見ると、中から請求書の明細の束が出てきた。二週間だからかなりまとまった金額になっていた。

これで火がついたとしたら、情けない話だけれど、数日後、ついにその瞬間がやってきた。忘れもしない、夕食をとるために一階のオリガミへ行こうとエレベーターを待っていたときだ。

到着を知らせるベルが、チーンとエレベーター・ホールに響いた瞬間、お、お！　尻尾《しっぽ》をつかみかけたような、他に何も考えられなくなってしまうような感覚が襲ってきて、あれ？　あれ？　と思っている間に、スルスルスルと、二週間も待ち続けたM－1の全体のトーンの基調となる決定的な一行が、あっけないほどスムーズに出てきた。

悲しい世界を浄《きよ》めるように　街角で微笑って

ぼくは忘れないようにしようと、何度か口に出して言ってみた、大丈夫、これなら忘れない。一階にエレベーターが着くまで、確認するみたいに三回くらい言ってみた。

実はこのとき、一緒にその次の一行も思いつき、やはり口に出して、これならOK！　と安心していたのに、オリガミに着き、メモ用紙とボールペンを借りていざ書きとめようとしたら、続く一行が消えていた。椅子《いす》を蹴飛ばしたくなるくらい悔しかったけれど、その程度のフレーズだったのだ、と思い直して、ぼくはシュリンプカレーを食べた。二行目を忘れた惜しい思いよりも、一行目ができたうれしさの方がはるかに上回っていた。もうぼくは、自信満々の陽気な男になっていた。

メロディにリードされ、いままで書いてきた歌詞とは、どこかが違うなあと感じながら、真夜中過ぎまでには最後の一行まで書き終えた。エレベーターの前で思いついた天使のようなフレーズは、二コーラス目の頭に使った。

何度も読み返し推敲《すいこう》し、またメロディを聴きながら、書いている最中に感じたことを反芻《はんすう》してみた。いままで詞を書くときには経験したことがなかった、イマジネーションを束縛するものから解放されたような感じがした。「美貌の青空」のときもそうだったが、それは坂本さんのメロディの背後にあるものの大きさのためではないかと感じた。たとえば、存在とか、魂とかいったものの……。

そして、言葉の選択が間違っていなくて一定のレベルを超えてさえいれば、かなりの自由さがあるということが、解放感を感じる原因ではなかったかと思った。

ぼくが感じた自由とは、何を書いても歌になるということだった。

これが、坂本龍一なのだ。と、ぼくは確信した。

この詞に『MIND CIRCUS』というタイトルをつけた。それにはわけがあった。

もともと、これはぼくの造語なのだけれど、最初にそれを使ったのは二十代のころ、デクちゃんと一緒にやっていた「LA VIE」の中のあるコーナーのタイトルだった。毎回ぼくが変名で好きなことを書いていたコラムだ。

そして、ちょうど八〇年代に入ったころ、Y.M.O.のインタヴューで坂本さんの「いま、凝《こ》っている言葉は、Mind Circusです」という発言を見つけ、出典は「LA VIE」だとすぐにわかった。それで、何度目かに会ったときに、その話をしたら「確かに憶《おぼ》えてる。でも、出典までは憶えていない」と言われたが、何故に、「Mind Circus」に惹かれたかということを、その意味の解釈まで含めて話してくれた。おおまかに言うと、「自分たちがやっていることは、（サーカスの見せ物としても成立する）フリークな意識のサーカスのようなものだ」ということだった。以来、出典を当てるゲームめいた習慣もできた。

造語をつくった本人より、坂本さんの解釈の方が、深い感じがした。

そんなわけで、彼との出逢いを記録しておきたいという思いもあって、いちばん生きることの意味や、生き方につながっているこの歌がふさわしいと思ったわけだ。

中谷美紀さんが歌う前に仮歌を録《と》るというので、ぼくは細かな譜割りの打ち合わせに、M-1のトラックにさらにシンセサイザーのフレーズをダビングしている坂本さんを、渋谷文化村スタジオに訪ねた。

ぼくがホテルから送った原稿は手書きだったので、それをディレクターの雪野さんがノートパソコンで、タイプアップしている最中だった。雪野さんはタイピングがかなり不得意な様子で、見かねた坂本さんが、「やってあげようか?」といってラップトップを受け取ると、ピアノを弾くみたいなスピードでキーボードを叩《たた》き、一分もかからずに原稿をタイプアップしてしまってぼくを驚かせた。

「M-1のタイトルは、『MIND CIRCUS』がいいと思うんですけど、どうですか?」

と訊いたら、

「あ、いいね。いいタイトルだね」と坂本さんが言った。「でも、『Mind Circus』の出典は何なの?」

「造語だから、出典はないけれど、あえて言えば、ジョン・レノンの『Mind Games』かな、インスパイアーされたのは」とぼくは答えた。

プリントアウトされた『MIND CIRCUS』の原稿をふたりで見ながら、坂本さんが、原稿の上から二ブロック目を左手で指差して、「ここ」と言った。

二ブロック目はこう書かれている。

偽りだらけのこの世界で愛をまだ信じてる

少年らしさは傷口だけど　君の KNIFE

「ここ、いいね」と、坂本さん。
「そう？　うれしいな」と、ぼく。
「一行目も泣かせるけど、二行目、これがいいな」と坂本さんが言った。
「それ、ボードレールです、出典」とぼくは答えた。「『傷口にしてナイフ』」
坂本さんは一瞬、怪訝《けげん》な顔をしてから、あ、と気がついたような顔になって、
「死刑囚にして死刑執行人」と、言ってにこりと微笑《わら》った。
ふたつのフレーズはボードレールの詩集『悪の華』の中の言葉だ。

M−1を書き終えて、さっそくM−2にとりかかった。この1と2は、音楽的にも素晴らしく、しかも新しい試みもされていて、しかもポップであるという洋楽のヒット曲のようで、シングル候補として作られた楽曲だとわかっていたので、その分緊張もする。中谷美紀さんのシングル候補として作られた楽曲だとわかっていたので、その分緊張もする。中谷美紀さんの存在感の手触りがないと書きにくいけれど、マネージャーの空さんが打ち合わせのときに、ケイト・モスの最新の写真集を見せてくれて「八〇年代を終わらせたモデル！」と、言った言葉が頭に残っていて、中谷美紀さんはプロデュースの方向としては、九〇年代を終わらせる人、二〇〇〇年代を始める人ということ

なんだろうな、と勝手に想像していた。彼女の存在感がいままでにモデルがないということだから、そのつもりで頭の中を組み立てていった。

M‐2の第一稿は、凝《こ》りに凝った歌詞がすんなりとできた。でも、ちょっと張り切りすぎていて、行きすぎてしまったようなところもあった。善《よ》し悪《あ》しは別として、寺山修司がポップスを書いたみたいにも自分で思えて、曲のエモーションやムードと乖《かい》離《り》してしまった気がした。作詞家が張り切るというのは、たいてい比《ひ》喩《ゆ》の使い方が、行きすぎるということだと思う、他に張り切りようがあるとすれば、テーマの選び方かな。

それから、カメリア・ダイヤモンドのコマーシャルのタイアップ曲にもノミネートされたりして、サビの部分を色々と変えたりガサガサと作ったような印象があったけど、いま歌詞を読んでみると、そんな浮ついたところはひとつもなくて、品よくしっとりとして奥が深い歌詞になっている。

さすが坂本さんのプロデュース能力の高さの、ひとつの表れだと思う。結局、自分の音楽のエモーションに、最適の言葉を書かせるということではないかと、そのメロディとサウンドに内包されている力については思う。

数カ所、サビと、Aメロの一部を書き直した記憶がある。それが、品よく洗練された印象を生んでいる原因のような気がした。

中谷美紀さんとスタジオで話しながら、直した箇所もあった。彼女はとても謙虚に正直に、歌えない理由を話してくれて、なんて素敵な女の子なんだろうとぼくは感動した。

M─3「汚れた脚」は、松任谷由実さんの「卒業写真」のような、失われる宿命のイノセンスについてじゃどうかな？　と言われた記憶がある。書いてみると、ワン・フレーズ、ワン・フレーズが手招きして、その旋律にふさわしい言葉を書かせたような印象がある。だから、第一稿はとても早くできたと思う。むしろ、推敲の方に時間がかかった。ぼくは推敲が好き、というか、推敲して詞が磨き上げられていくプロセスを見ていて、いつもワクワクしてしまうのだ。

M─4「WHERE THE RIVER FLOWS」のモチーフは、「少年のころのあなたに逢いたい」と亡くなってしまった恋人の「故郷の街を訪ねる」というもので、二度と会えない恋人の痕跡を少年時代にまで、時間をさかのぼって追いかけずにはいられない心情が物語のテーマである。

一九九五年、同じテーマで、「香水工場」という楽曲をつくったことがあった。曲は楠瀬誠志郎さんで、ＵＮＩＴ33という男性デュオが歌った。33は、俳優の団優太くんと歌舞伎俳優の中村獅童くんとで結成したグループだ。だから、「WHERE THE

RIVER FLOWS」の中にも香水工場が出てくる。

余談になるけれど、ＵＮＩＴ33の「香水工場」を録音したとき、ラフ・ミックスのテープをクルマで聴いていたら、イントロが始まるとすぐに女性の声がして「どうもありがとう」と言っている。何度聴いても、そうとしか聴こえない。関係者七、八人に聴かせたが、編曲の小西貴雄くんとマネージャーの塚田厚子さん以外は、たしかに「ありがとう」だ、と言った。小西くんは「これはベースの音です」と言い、塚田さんは「ただの錯覚です」と言った。トラック・ダウンのときに、エンジニアの内沼映二さんに「ありがとうは、消しますか？　どうしますか？」と訊かれ、迷っていると、「縁起が悪いから消しましょうか？」と言われて消してもらった、その声を、逆に縁起がいいとする考え方はないのかなとあとで思った。

ついでなので、33というグループ名についても話しておこう。どこかに正確な日付も書いてあるのだけれど、それが見つからないので、とりあえず一九九三年の夏、としておくけれど、その一年前かもしれないし一年後かもしれない。当時、映画に憑《と》りつかれていて一年で三百本近くを映画館で観ていた。三百本を観るには、一日に何本かハシゴして観ることもたびたびで、その日は、午前中から飯田橋ギンレイホールでジャン＝リュック・ゴダールの『カルメンという名の女』、午後にシネスイッチ銀座でイタリア映画『小さな旅人』、次に池袋に移動して、アクトセイゲイシアターでアンリ＝ジョルジュ・クルーゾの『密告』を観た。

『カルメンという名の女』の冒頭、ゴダールが自ら演じる精神科病院の入院患者が、不意に「33」と言い、数秘術に興味があったころだったので、ぼくは眠気が吹っ飛ぶくらいびっくりした。そして最後の池袋の小さな映画館で、ふたたび、「33」が役者の口から飛び出した。仮病をつかって思いを寄せている医者の元を訪れた女にむかって、医者が「33と言って」と言い、女も「33」と何度か唱えた。フランスでは聴診器を当てて肺や気管の具合を診るときにそう言わせるのかもしれない、と思った。しかし、それにしても偶然だなあと思いながら、映画館を出た。そして、JR池袋駅の切符の販売機の前に並んだとき、今日は33の日だから、もしかしたら、切符のいちばん下に印字されているナンバーに、33という数列が入っているかもしれないな、と思いながら順番待ちの列に並んでいた。

で、いざ自分の番になり、小田急線の成城学園前までの乗り継ぎ切符を買ったのだが、切符に印字された数字を見てぼくは目を疑った。「33」ではなくて、切符には「3333」と3が四個も並んでいた。

ふたつの映画の「33」はただの偶然だろうが、最後のダブルのゾロ目まで来ると、ぼくは鳥肌が立ちそうな気分だった。

そんな不思議な偶然を忘れないように、そのころ始まったデュオのユニット名に33

を使ったのだった。

『食物連鎖』に話を戻そう。

アルバムの最後の曲、「sorriso escuro」はアート・リンゼイの作曲で、最初はぼくが書く予定ではなかった気がする。それがポエトリー・リーディングにするというアイディアができて、ぼくに回ってきたのかも知れない。

ポエトリー・リーディングはちょっと手強《てごわ》い。谷川俊太郎さんや高橋睦郎さんの朗読会はどこまでも素敵だけれど、ぼくなんかがやったら、たとえテキストだけだったとしても、恥ずかしい結果に終わるに決まっているから気が重かった。

そんな雰囲気を感じていたのか、普通の詩を書くように言われるのかと思っていたら、「瀧口修造をイメージしているので、そのつもりで書いてください」と、坂本さんに言われた。

瀧口修造はシュールレアリスムの詩人にして、美術評論家であり造形作家でもある。シュールレアリスムのスタイルを踏襲すれば、あとは言葉の組み合わせのセンスだから、とりあえず最初の心配だけは回避できる気がした。知性や教養があるだけでなく、本当にセンスが群を抜いて優れていることに、ぼくは圧倒される思いがした。まさに、坂本さんは、坂本龍一の音楽そのものだった。

アルバム完成後、TOKYO FMホールで最初のコンサートが開かれた。ステージの上の中谷美紀さんは、アルバムをつくる前の感受性が高くひたすら繊細な彼女ではなく、すでに芸術家としてそこにいる、高貴な魂を持った天使よりも天使に似ている人になっていた。

翌一九九七年、坂本龍一 featuring Sister M「The Other Side of Love」の日本語ヴァージョンとして「砂の果実」が発売された。

坂本さんからのオーダーは「森田童子の『ぼくたちの失敗』みたいな暗い歌詞にしてください。暗くてドキドキする歌詞がほしい」ということだった。

ぼくは森田童子のことも、それが主題歌になったドラマのことも知らなくて、『ぼくたちの失敗』の八センチシングルCDを買ってみた。好きではない音楽だったので、三回くらい聴いたら飽きてしまって歌詞カードだけ読んだ。まるで興味の持てない内容だった。たしかに暗かった。これは、おそらく、歌手がいてメロディがあって、全体の雰囲気で成立している歌詞なんだろうと思った。参考にならなかった。

いま聴いてみると、声もそんなに暗くないし、歌詞もむかしほど嫌な印象もなくなっていて、ちょっと驚いた。

そんなわけで、森田童子はほとんど忘れて書いた。ただ暗くてドキドキすることだけを考えて。フォーライフ・レコードの担当ディレクターが、とても細かな配慮をする雪野さんに変わっていて、仕事の進め方もシステマチックになっていた。九七年にはぼくもマッキントッシュを買い、電子メールも使いはじめていたので、坂本さんと雪野さんとのやりとりも転送してもらって見ることができた。

『砂の果実』は、英語ヴァージョンを聴きながら最初にタイトルを考えついた。鉱物の集合である砂に実った果実、何も実るはずのない不毛の砂が生んだ果実、という意味だ。

比喩として考えると、奇蹟のメタファーにもなるだろうし、まったく反対に、虚無のメタファーにもなる。そういう歌詞を、ぼくは書こうとしていた。

最後に希望の光が見えるとしても、絶望的な気分になる歌を書こうとして思いついたのが、太宰治の「生れてすみません」という言葉だった。

生まれて来なければ　本当はよかったのに

この言葉のやりとりでドラマが展開する構造になるように、全体の構成を考えて、歌始まりの二行もスムーズに出てきた。

あの頃の僕らが　嘲笑《わら》って軽蔑《けいべつ》した

恥《はず》かしい大人に　あの時なったんだね

最後まで書き終えたとき、もしかしたら、この歌詞は自分にしか書けないのじゃないかな、と詞の中から立ちこめてくる匂いをぼくは強烈に意識した。

第一稿がそのまま採用された。坂本さんも気に入ってくれたことがうれしかった。

一九九七年は自分にとっても実りの多い年で、中谷美紀さんのアルバム『cure』に、「天国より野蛮」、「キノフロニカ」も書くことができた。ともかく、歌詞がよく書けているし、タイトルも想像力をかき立てるようなものばかりだ。

そんなわけで、『Strange Paradise』は、祥伝社の文芸誌「Feel Love」に書いた初めての小説のタイトルになったし、『天国より野蛮』は市川右近さんと五年間続けた朗読劇のタイトルになった。『砂の果実』はもちろんこの本だ。

そして、その「Feel Love」の編集長でぼくに『Strange Paradise』を書かせてくれたのが牧野輝也さんで、この『砂の果実』も牧野さんに勧められて書くようになった。

第十章

天国より野蛮

市川猿之助
市川右近
市川春猿
市川段治郎
古藤芳治
千住明
高橋かおり
宝生舞
武田真治
緒川たまき

表現の世界も
人の輪も、
そして
加速しながら
広がっていく。

中谷美紀さんを初めて歌舞伎に連れていったのは、マネージャーの塚田厚子さんだった。そして、市川右近さんを紹介し、日本舞踊を習いたがっていた中谷さんに、右近さんの妹の日本舞踊家・飛鳥左近さんも引き合わせた。

ぼくも彼女の紹介で右近さんを知ることになるのだが、それは右近さんがまだ二十代のころだった。

演目は忘れてしまったが、昼の部が終わった後で右近さんを楽屋に訪ねた。右近さんは浴衣姿で、右手に持った扇子でぱたぱたと扇《あお》いでいた。それが実に絵になっていた。いまから思うとまだ二十三歳くらいなのにずいぶん貫禄《かんろく》というか、風格があった。ぼくは歌舞伎を観るのは初めてだし、人見知りする質《たち》なので、何も話さず黙ったままコチコチになっていた憶《おぼ》えがある。変なヤツだときっと思われたに違いない。

その日以来、毎月歌舞伎座や新橋演舞場へ通った。最初は歌舞伎の本当の魅力がまるきりわからなかったけれど、とりあえずは我慢してみようと思い、市川猿之助さんが演《や》る舞台は欠かさずに観た。すると一年くらい経ってからかな、徐々にだけれど面白く感じるようになってきた。それでも、三味線や長唄、義太夫節を聴くとかならず途中で居眠りをしてしまっていたのだけれど。

晴れ着で盛装した女性を見ると華やいだ気持ちになったし、お年寄りが客席でおむすびや稲荷《いなり》ずしを食べているのを見ると、これまたいいなあと思った。桟敷《さじき》席では一杯やりながら見物している人たちがいて、自分は飲めないくせに、かっこいいなあと思ったりした。

面白く感じるようになるのと歩調をあわせるように、右近さんも大きな役をやるようになっていった。そして右近さんもどんどん立派な華のある歌舞伎役者に成長していくので、毎月歌舞伎に行くことが楽しみになり、そして不思議なことに、知らないうちに美味《お》しいご飯が食べたくなるみたいに、身体《からだ》もこころも求める快楽に変わっていった。といっても、ここまで来るのに十年はかかった。右近さんを知らなかったら、ずっと歌舞伎も知らないまま過ごしたかもしれないと思うくらいだ。

知り合って間もないころ、河合奈保子さんのアルバム・ジャケットの撮影で白塗りのメイクをお願いしたこともあった。一九八六年に発表された全曲奈保子さん作曲のアルバム『Scarlet』だ。なぜ白塗りにしたのか思い出せないけれど、もしかしたら、右近さんあってのアイディアだったのかも知れない。

本格的に右近さんと一緒に仕事をするようになったのは、二〇〇一年に電通エンターテインメントが制作した音楽劇『ミッシング・ピース』の主演と演出をお願いしてからだ。千住明さんが音楽で、照明は成瀬一裕さん。衣装は、「LA VIE」の時代にスタイリングの先生だった北村道子さん。台本とプロデュースがぼくで、二月に青山劇場で上演された。

それは、一九世紀のポーランドの作曲家であり、バイオリニスト、ヘンリク・ヴィエニャフスキーをモチーフにした、オーケストラの演奏と朗読劇をひとつにした新しい試みだった。出演は、市川右近、武田真治、緒川たまき、古藤芳治。そして、バイオリニスト役の緒川さんの代わりに演奏するのが、デビューしたばかりの吉田恭子だった。オーケストラの指揮は千住さんが、ふうふう言いながら汗だくになってやってくれた。

右近さんはこの『ミッシング・ピース』が好きで、何度も再演しましょうと言っていたが、遂に二〇〇七年、ル テアトル銀座で再演された。このときのキャストは、古藤さん以外が歌舞伎役者になり、出演、市川右近、市川春猿、市川段治郎、古藤芳治。バイオリニストは、宮本笑里、オーケストレーションは塩入俊哉さんにお願いした。この右近・売野コンビの朗読劇は第三回目から、こんなにいい人がいるんだと感動するくらい人柄のよい、永田悦久さん率いるエイベックス・ライヴ・クリエイティヴの制作になった。

右近さんと組んで上演した朗読劇は、全部で七作品。二〇〇四年一月に『天国より野蛮』（二子玉川アレーナホール）、二〇〇四年十月に『優雅な秘密』（赤坂草月ホール）、二〇〇五年八月に『美貌の青空』（Zepp Tokyo）、二〇〇六年八月に『優雅な秘密』（再演・恵比寿ザ・ガーデンホール）、二〇〇七年八月に『下町日和』と『ミッシング・ピース』（再演・ル テアトル銀座）。

『天国より野蛮』はぼくの事務所の制作で、出演、市川右近、宝生舞、古藤芳治、小柴亮介、藤崎ルキノ。音楽は千住明さんの弟子の石坂慶彦さんと、東京藝大の女声クワイア。

中谷美紀さんの歌う「天国より野蛮」にも書いた「天国よりも野蛮なのに　時々世界は美しくて」というテーマを、一九八〇年のモスクワ・オリンピックの直前に失踪した双子の棒高跳び選手で、ソヴィエト代表の最有力候補だったふたりを中心にして、フリーダ・カーロやトロツキーのエピソードも交えたエンターテイメントにした「爆弾に結んだリボン」。それを全体の核に、東京の片隅のぱっとしない青春や、ソープランドで語られる実際に起きた高校生コンクリート詰め事件と、妖精を見た少女の話などを、「それでも世界は、時々美しい」というメッセージで貫かれたオムニバス・ドラマにした。

終演後、澁澤龍子さんと巖谷國士さんの奥様がご挨拶に来てくださって、いらしてたのを知らなかったのでとても驚いたし、照れくさくなった。

それにこの公演はスポンサーのない自主公演だったので制作費の捻出に四苦八苦しているところに、宝生舞さんの事務所の社長の藤井さんが、まるきり初対面なのに、「こういう公演はいろいろ大変でしょう」と、お支払いするギャランティ以上のご祝儀をくださった。

一度はお断りしたが、「ぼくからのエールのつもりです」と言われて、ありがたく頂戴することにした。

『優雅な秘密』は、赤坂草月ホールと恵比寿ザ・ガーデンホールで、二年の間隔をあけて二度上演した。二〇〇六年のヴァージョンには、新たに劇中歌が入っている。歌っているのはまだデビュー前の中村中さんだ。

脚本はサン＝テグジュペリの「僕がどこからやってきたって？　僕の少年時代からさ」という言葉と、「郷愁、それは、ある知られざるものへの憧れだ。憧れの対象、それはたしかに存在する。だが、それを言い表す言葉は存在していない。ところで、ぼくら人間の郷愁は、はたして何であろう」という言葉を軸に、時空を超えて、四十四歳の主人公・工藤がサン＝テグジュペリと、そして少年時代の自分とめぐりあう。輪廻転生と、ロシアから打ち上げられたソユーズ宇宙ロケットから消えた、実話じみた宇宙飛行士の話もまじえて、クライマックスへ雪崩《なだ》れ込むストーリー。そして、それとは別に進行する都会の複数のカップルたちのエピソードが、宇宙の星たちの運行のように交差する物語だ。

ディーヴァの中村中さんが、劇中で四曲のテーマ曲を歌う。その中に後に大ヒットすることになる『友達の詩』も入っていた。もうそのころから、デビューが決まっていて、ヒットの匂いがプンプンしていた。

それと、この芝居は朗読劇には違いないのだけれど、ショルダー・フレーズにある通り「リーディング・スペクタクル」なので、ラジオを聴いてるようなわけにはいかない。照明も美しくて、まるでライトショーというか、ライティング・アートみたいだし、歌舞伎的な演出も随所にちりばめられているので、パフォーマンスとしてはかなり面白く仕上がっている。

この中で、四役を演じる市川右近さんに圧倒された人が多かった気がする。その中に、苫小牧徹という、目茶苦茶キャラクターの立った男が登場するのだけれど、この市川右近さんが見事すぎる演技で、苫小牧ファンを生んでしまった。それが、あまりにも人気なので、翌年苫小牧だけの物語が独立してできてしまった。

稽古のときから、みんな、苫小牧と相手役の絹江の話が聞きたくて、そればっかりやりたがった。

そもそも、初演のとき、苫小牧も含めたこの物語を、エイベックス・ライヴ・クリエイティヴの永田さんが気に入ってしまって、赤字でもなんでも構わないから　もうライフワークとしてやります！　なんて威勢のいい宣言をしてしまって、草月ホールではたった一日だったものが、最後のル　テアトル銀座では七公演にまで増えてしまった。

それから、忘れられないエピソードがひとつ。恵比寿ザ・ガーデンホールの公演のとき、芝居が始まって一時間くらい経ったころ、恵比寿近辺に落雷があって、ホールの電気が飛んでしまい、マイクもライトも使えないし、停電しているので中断せざるを得なくなった。

あわてて右近さんと話し合い、「電気が通じたら途切れたところから始めましょう」と提案したが、右近さんは頑として「最初からやり直します。わたしの師匠ならそうするに違いありません」と、また一幕目一場から始めたのだった。だから、もともと二時間半近くかかるものが、三時間半になってしまった。お客さんは文句も言わずに、じっと三時間半芝居を楽しんでくれた。

二〇〇五年の『美貌の青空』は、初めからZepp Tokyoでやる予定ではなかった。前回の草月ホールでやった『優雅な秘密』があまりにも評判がよかったので、もっと大きな劇場で、それもレトロな雰囲気の劇場でやりましょうということになった。それで、日比谷公会堂が第一候補に上がった。下調べに行ってみると、建物もロビーやエントランスも、ムードがあって雰囲気作りには最高なのだけれど、肝心の舞台まわりが貧弱すぎた。照明の成瀬さんが係の人と話し終えて、「これは不可能ですよ！」と、怒りを含んだ声で言った。

それから大急ぎで、役者のスケジュールと劇場の空き状況を照らし合わせて、八月三日から七日マチネを含め全六公演をZepp Tokyoでやることになった。今回のディーヴァは、Do As Infinityの伴都美子さんだ。

『美貌の青空』にはサブタイトルがついている。「チェ・ゲバラ、魂の錬金術」と。

ぼくはもともとチェ・ゲバラの生き方や、マザー・テレサの博愛主義をリスペクトしていた。そういう正義のために生きる生き方とか、よりよき世界を実現するために自己犠牲を払うということに、シンパシーを感じるというより、むしろ、本能にも近いそういう気持ちが自分にもあることを知っていた。

題材を探していたぼくは、チェ・ゲバラについて資料を調べながら、「より良き世界を求めることは、命を賭ける価値があることだ。世界のあらゆる大陸で、自己犠牲を捧げる価値があることだ」という、国連での演説、それから、子供たちに宛てた「最後の手紙」を読んで、「これをやらなくてはならない」という、強い衝動に襲われた。

最後の手紙を書いたゲバラは、キューバでの自分の地位を棄《す》て、圧政がはびこるアフリカのコンゴへ向かう。そのときに、死を覚悟していたゲバラは、こんな手紙を子供たちに残すのだ。

「愛する子供たちよ、君たちの父は、自分の信じたように行動した人間だったし、自分の信念に忠実に生きてきました。立派な革命家に成長しなさい。とりわけ、この世界のどこかで、誰かが、不当に虐《しいた》げられていたら、こころに深く、痛みをいつも感じられる人になりなさい。それが革命家の最も美しい資質です」

そう書き置いてゲバラはコンゴへ向かい、失意のままキューバへ帰国し、そしてまた革命を起こすべく、軍事政権下のボリビアに入り、特殊部隊に捕らえられ一九六七年十月九日、山岳の小さな村で処刑された。

そんなチェ・ゲバラの物語を、キューバを舞台に書いた。日本のハゲタカ・ファンドと呼ばれる企業の男が、ゲバラが子供たちに書いた手紙の一節を、夢の中で聴くことから物語を始めて……。

そして、日本のどこかでゲバラの名も知らず、ささやかに暮らしている数組の恋人たちも、この物語の渦の中に引き込まれていくという展開だ。ディーヴァの伴都美子さんが歌う千住明さんが作曲した「Revolutionaries」という歌も評判がよかった。

『下町日和』は苫小牧徹と絹江の物語だ。そして今回は特別に、高橋かおりさんと、宝生舞さんがゲスト出演している。

会場から、周期的にどっと笑いが来る。二階席の最後列で聴いていると、それが怒《ど》濤《とう》のように聴こえる。歌舞伎役者の力量は計り知れないものがあるなあと感動してしまう。彼らは、言葉の意味で人を感動させることももちろんできるが、たったひと声で、こころを動かす技術を磨いていることがよくわかった。台詞《せりふ》術も普通のドラマとは違い、すべてが歌になっている。だから、背景音楽が付く場合には、その音楽に合わせて台詞を言う訓練がされていて、音楽の出所が違ってたりすると、すぐにわかってしまう。ともかく、もの凄く訓練された役者さんたちだ。

そんな人たちに混じって、古藤芳治さんが、物語の語り部として数回舞台に登場するのだが、もともと雰囲気がぼくと似ていることもあり、ぼくとしては台詞を書くときに、自分の分身が話しているように書くわけで、そういう役割だから語り部であり、ナヴィゲーターなわけだけれど、彼をぼくと誤解する人が少なからずいたようだ。

ネットに載っていたレポートでは、

「最初に、物語を説明する売野が、ぴちぴちの白いTシャツに白いパンツで、ムキムキの筋肉をパンパンにして舞台に登場する。筋肉がはち切れそうな腕がオイルでピカピカに光っている！　売野、がんばりすぎじゃね？」と書かれていて、つい笑ってしまった。

　それから、ル テアトル銀座の千秋楽の日、古藤芳治さんが、

「今日は、二回目に登場するとき、ぐるりと客席を回っていいですか?」と訊いた。

「どうぞ、お好きにやってください」と、ぼくは答えた。

「おばさまも多いので、ちょっと、空手の稽古のときに使うライフガードも付けていきます」と言う。

　ライフガードの意味がわからなかったが、追及しなかった。すると、こんどは、怪しげなスプレーを取り出して、身体にふりかけはじめた。

「何?」と訊くと、

「フェロモン・スプレーってやつですよ」と言う。

「つけますか? つけると、女の子が、どんどん寄ってきますよ、本当です。今日なんか、高橋かおりちゃんと、中村中ちゃんが、ぼくの楽屋に何度も来て、入り浸り状態で、〝古藤さん面白い!〟とかなんとか、いや何かモテモテ感ありますよ。そういうスプレー! はい、先輩も、どうぞ!」

「それより、本番だよ、そでに付いていてね」とぼくは、出番を忘れてるように見えた古藤さんを、楽屋から送り出した。

　最初の古藤さんの台詞は長くて、四分ほどある。音楽もそのように設計されて長さ

も決まっている。

幕が開いた。古藤芳治さんが登場して、下町や隅田川の描写をする。いい感じに千住さんの音楽とシンクロしている。しかし、途中から、ちょっと台詞のスピードが早いと感じはじめた。あれ？　と思っているうちに台詞が終わって、古藤さんが下手《しもて》に捌《は》けた。

音楽がまだ続いている。スポットライトが、不自然にフェイドアウトした。音楽が、人のいない空舞台で三十秒も鳴っていた。あきらかに早くしゃべりすぎたのだ。

楽屋に帰ってきた古藤さんはハイテンションで、

「今日は、最高の出来映えでしたよ！　パーフェクト！」とか言って自画自賛している。

「でも、空《から》の舞台で三十秒も、音楽が鳴ってたよ」と指摘すると、

「おかしいなあ、そんなはずないのになあ」と言った。

「フェロモン・スプレーのせいじゃないの？」とぼくは訊いた。

ものは試しと、打ち上げのパーティに行く前に、古藤さんのフェロモン・スプレーを借りた。ちょっとハイテンションなくらいでちょうどいいだろうと思ったからだ。

ぼくの挨拶の番が来た。

話してても話しても、まだまだ言葉がほとばしってくる感じだった。

それに、みんなも酔っぱらっていて、笑いがどっと押し寄せてくる。十五分くらい経って、これは話しすぎだなと気がついて壇上から降りた。

挨拶にアンコールがあるなんて信じられないが、オーケストラの女性たちが手拍子をしながらぼくの名前を呼んで騒いでいる。

まいったなあ、とまた壇上にあがり、ぼくはとめどなくしゃべり続けるつもりだったが、市川右近さんの顔を見て、はっと我に返った。はしゃいでいる場合ではない。ぼくは大切なことを言い忘れていた。

今回の公演でいちばんうれしかった出来事を、ぼくは会場が静かになるのを待って紹介した。

『下町日和』のことだった。

この作品は苫小牧徹と絹江の、ささやかな人生の喜びと、その人生に実る美しい果実について書こうとして書きはじめたものだった。歌舞伎でいえば世話物ということだ。

公演を重ねているうちにシリーズ化もできそうだという話になり、右近さんから「次は、ふたりに子供が生まれる話を加えましょう」とか、「生き別れた苫小牧徹の弟を登場させましょう」と提案していただいて脚本を加筆していった。

あるとき、右近さんが、

「苫小牧徹シリーズは、よく考えるのですが、背広を着て演《や》る歌舞伎という風になったらいいなと、夢見ているんです」と言った。

そして今回のル　テアトル銀座の公演は、添え物としてではなく独立したふたつの演目のひとつとして上演でき、評判も上々で、骨の髄から歌舞伎役者の右近さんの夢に一歩近づいたようにも思えた。

闘病中の市川猿之助さんに、そんな評判を聞いて車椅子《くるまいす》で劇場まで来ていただいただけでも感激したけれど、愛弟子《まなでし》が演出・主演する『下町日和』を観て大変お喜びになった様子で、楽屋に上がるエレベーターに偶然乗り合わせたぼくに、

「とてもわかりやすく、面白い台本《ほん》でした。気になるのは、あの生き別れの兄弟が再び出逢えるのかどうかということです」と笑い、

「私は、ぜひ、再会させていただきたいと思います。次の題は『下町の出逢い』ということで、もうタイトルもできましたね」とこころからうれしそうに微笑《ほほえ》んで言った。

ぼくは、このエピソードを話しながら、何度か胸がつまって涙があふれそうになった。右近さんを見たら涙がこぼれてしまう気がして、視線をあわせないようにしていたが、話し終えて右近さんに近づいていくと、右近さんの瞳もきらきらと涙で輝いているように見えた。

あとがき

　この本に何度か登場する四十七万円で買った黄色いフォルクスワーゲンに三宅一生さんを乗せて、いまはなき表参道スタジオまで行ったことがある。「ＬＡ　ＶＩＥ」創刊号の表紙の撮影のためだ。写真家は小暮徹さんだった。

　運悪く、撮影の前日、永田町で元自衛官の老人にクルマをぶつけられて、黄色いワーゲンは助手席側のドアが大きくへこんでいた。片足をボディに掛けて力いっぱい後ろにのけぞらなければ、ドアが開かない状態だった。

　スタジオに到着し、あわててぼくが先回りして外側からドアを引っ張るより早く、内側のドアハンドルを引いて一生さんは、「開かないね」とぼくを見上げた。「ドアが壊れてるんです」とぼくは答え、片足をボディに掛けて引っ張ると同時に、一生さんは内側からドアに一、二、三度体当たりして、やっとドアが開いた。「すみません」と、謝ると、

「だいじょうぶ、面白かった」と、一生さんは白い歯を見せてにこりと微笑《わら》った。

大戉柳太朗さんを青山のご自宅にお迎えにあがったときは、駐車の仕方でマンションの管理人に理不尽な叱られ方をした。ワーゲンに乗り込んだ大戉さんは、一部始終をインターフォンで聴いていたようで、「あの管理人は、草深き北海道の片田舎から出てきたばかりの者ですので、どうぞお許しください」と、両手を腿《もも》の上に置き、まっすぐ前を向いたまま深々と頭を下げた。その夜は大西公平さんが撮影をしてくれた。片岡義男さんを撮影してくれたのは沢渡朔さんだったかもしれない。表参道から渋谷二丁目の交差点まで送る道すがら、狭いワーゲンの車内で、「あなたが書いたレコード紹介を二冊分読んでみて、実際に聴きたくなったレコードを二、三枚、買ってみた。今晩、それを聴くんだ」と、片岡さんはよく響く声で言ってワーゲンを降りていった。

作詞家になる前の、一九七八年と一九七九年のことだ。

作詞家を今日までやってこられた礎《いしずえ》となった「少女A」について書き残したことを思い出した。

歌謡曲のヴォキャブラリーにはなかったセンセーショナルなタイトルだったこともあって、「少女A」は歌謡曲としては異例ともいえる社会的な広がりをみせた。音楽誌やアイドル誌だけでなく、一般週刊誌にも論評が載った。

しかし、いちばん印象的だったのは、評論家の言葉や解説ではなく、朝日新聞の「声」の欄に投書された女子高校生の言葉だった。

「私は不良でもないし、学校ではクラス委員もしていて、他人からは優等生と思われているけれど、『少女A』を聴いたときに、これは自分の歌だと思った。私だけが知っている、本当の自分のことを歌ってくれた歌だと思った。これを不良少女の歌だと考えるのは自由だけれど、間違いだと思う。私のような〝少女A〟が生きていることもわかってほしい」といった内容だった。

この歌を書いて本当によかったと、こころから思えた瞬間だった。


それを運命と呼ぶのだと思うけれど、中森明菜さんとチェッカーズという八〇年代を代表するアーティストが、それぞれの時代を切り拓くきっかけを担った楽曲を一緒につくった作曲家、芹澤廣明さんとの出逢いがなければ、この本に書いたような数々の忘れられない経験もできなかったに違いない。

そんな〝運命の男〟が、十年ほど前からアメリカやヨーロッパのアーティストたちに楽曲を提供しはじめた。アメリカのダンス・チャートにランキングされた楽曲もあった。快哉《かいさい》を叫ぶと同時に、その活躍がうらやましかった。

そしてぼくは、まったく芹澤さんに影響されたのだと思うけれど、二〇一一年にエリザベス・テーラーズというロシア人のコーラス・グループをつくった。歌がうまくて、性格もよく、品があって、そのうえ美しい。メンバーの条件だったそれをクリアした女性だけを三人集めた。そしてこの五年で三回のメンバー・チェンジがあり、気がつけばオリジナル・メンバーはひとりもいなくなってしまった。

グループ名も Max Lux に変えた。

そろそろヒット曲が出るような気がしている。


『砂の果実』には、黄色いワーゲンに乗ってくださった三人の方々のような、ぼくが出逢ったチャーミングな人たちのこと、エレガントな人たちのこと、わくわくの八〇年代九〇年代のことを主に書いた。

書き残したことが多いことにも、途中で気がついた。思い出は振り返るたびに増える、というのは、どうやら本当のことのようだ。

今年で、ぼくは作詞家活動三十五周年になる。元 Superfly の多保孝一さんが監修をしてくれたCDボックスも発売になる。十一月には Max Lux による、ぼくのヒット曲を新たに録音したトリビュート・アルバム『砂の果実』と、そしてなにより、今年はこの本が出版される。

ぼくが書いた初めての本だ。

朝日新聞出版の牧野輝也さんがいなかったら、この本が存在しなかったことを、ぼくがいちばんよく知っている。

二〇一六年八月

売野雅勇

文庫版あとがき

高橋幸宏さんと坂本龍一さんが、あいついで亡くなられた。

幸宏さんのときは兄上の高橋信之さんのツイートを深夜に読んでいたら、涙があふれて止まらなかった。坂本さんの死はいまでも信じられないのだが、お嬢さんの美雨さんのFMの番組に出て、放送前のスタジオでお悔やみを申し上げたら涙がこらえられなくなった。

この本の中にもふたりは登場する。僕にとっては、ふたりとも陽気な人だ。信じられないかもしれないけれど、本当に明るい少年のような人たちだということが、そばにいてわかった。彼らの音楽に潜んでいる魂の感触にもそれを感じた。それでも、スタジオで美雨さんが「素顔はあどけないところもある、イージーゴーイングな人でした」と、坂本さんのことを言ったとき、収録中なのに僕は声を詰まらせた。油断すると号泣しそうな気がした。

僕は、坂本さんの無防備であどけない子供のような笑顔を思い出していた。

友人と呼べる関係にはなかったが、ふたりとも恩人のように感じている。

幸宏さんと会ったのは、「LA VIE」という男性ファッション誌を友人と創刊するときに、編集者という立場で雑誌への寄稿をお願いしたのが初めてだった。創刊号を手伝ってくれていたスタイリストの女性の紹介で、表参道の明治通り近くにあったCafé de Ropéというカフェだったと思う。道路につながるテラス席をテント地の代わりに同じくらいの厚さのビニールで覆った洒落《しゃれ》た「ビニールのテント」だった。一九七八年の晩夏の頃だ。Y.M.O.の資料を見ると、ファースト・アルバムが一九七八年……

一九七八年の十一月二十五日に発売され、レコーディングが七月から九月初旬まで続いているので、おそらく九月の中頃のことだと思う。

「幸宏です」と席につくなり言って、頭を軽く下げた。ファーストネームで自分を紹介するんだ、と僕は驚いた。茶系のジャケットにグレイのパンツで、足元はオーソドックスなローファーだった。派手なところがひとつもなかった。目を引かないように心がけている気さえした。ローファーの普通っぽさが矢鱈《やたら》にかっこよく見えた。

僕は俄《にわ》か編集者で、編集などやった経験がまるでなかった。寄稿を誰かにお願いするのも、これが初めてだった。幸宏さんには音楽ページに書いてもらうつもりでいた。

「ブラジル音楽が好き」という記事をどこかで読んだのだと思う。僕は、「ブラジル音楽について書いてくださいますか」と彼に言った。すると、「ブラジルも面白いけど、いま細野晴臣さんと一緒にイエロー・マジック・オーケストラというバンドを始めたんだ」と言って、まだデビュー前のY.M.O.のコンセプトを饒舌《じょうぜつ》に語った。話がすごく面白かった。そう感想を告げると、

「原稿にも少し書いていいですか」と訊いた。

「もちろんです」僕は答えた。

上がってきた原稿を見て、僕は吹き出した。エッセイは「冒頭から余談ではありますが」と、冗談みたいな書き出しで始まっていた。そして、Y.M.O.のコンセプト「加工貿易型音楽」という内容のことが書かれていて、ブラジル音楽にはいっさい触れていなかった。

それに、原稿の受け渡しがまた面白かった。事務所に「原稿が書けました」と電話があり、どこにとりに伺《うかが》えばいいですかと尋ねると、「青山三丁目のベルコモンズの一階に喫茶店があるから、そこで」と言われた。何という喫茶店ですかと何気なく訊くと、「名前はわからないけど、ともかく一階の奥です」とやや冷淡な声で答えた。

行ってみると、そこは「珈琲野郎」という名前の店だった。なんだ、名前を口にするのが恥ずかしかったんだ、と、僕はおかしくて、愛おしい気持ちを覚えた。

それからしばらくして、僕は雑誌のページを買ってもらおうと、幸宏さんのお兄さんが社長をしているアパレルの会社を訪ねた。ページを買っていただいて、幸宏さんをモデルに、彼がデザインするBRICKSというブランドの、広告には見えないグラビアの特集みたいなページを作った。芝浦のアルファ・レコードのスタジオで撮影をしているときに、坂本龍一さんが、コンソール・ルームの隅から、撮影隊の様子を窺《うかが》うように見ていたのを憶えている。

その後、幸宏さんから、芝の郵便貯金ホールでのお披露目も兼ねた、Y.M.O.の初めてのコンサートに誘われた。六本木ピットインでのライブにも誘われた。両方とも僕は行かなかった。どんな理由があったのか憶《おぼ》えていない。細野晴臣さんのレコードはみんな持っていたし、幸宏さんのセンスの良さに憧れさえ感じていたのに。考えてみると、人見知りな性格で、知り合ったばかりの人に誘われることを怖がっていたような気もする。それもかっこいい男となると、尻込みするような意気地のないところが、僕にはまだあったのだと思う。

もしかしたら、友だちになろうよ、と言ってくれていたのかもしれない、そう思うことがある。そんなときは、自分の羞恥心というエゴを憎まずにはいられない気分になる。

そして翌一九七九年、第二弾アルバム『ソリッド・ステイト・サヴァイヴァー』がブレイクしてY.M.O.の時代が始まった。

イエロー・マジック・オーケストラが世界ツアーを終えた後、一九八二年に「少女A」を書いて、僕は、〝新進気鋭の注目の作詞家〟となった。

友人はもちろん喜んで電話をくれたが、高橋信之・幸宏兄弟が心から祝福してくれたことに、僕は驚いた。兄弟が僕の「出世」を喜んで、幸宏さんのトーク・ショーのゲストに呼んでくださったのだ。パルコパート3のステージかイベントスペースのようなところだった。お客さんは満杯だった。僕が行くと、信之さんと幸宏さんが飛んできて、肩を抱くと「よかったなあ！　おめでとう！　すごいじゃないか！」とお祝いを言ってくれた。それにはちょっと涙ぐみそうになるのだけれど、相手は音楽の最先端を行く音楽家で、僕は歌謡曲の作詞家だ。そのことに負い目を感じるような劣等意識が僕にはあって、このおおらかな祝福に僕は面食らった。

人前で話すことに馴《な》れていない頃だったから、僕のトークは退屈だった違いない。的外れなことばかり言っていたようにも思う。レコード盤が擦り切れるほど幸宏さんのアルバム『音楽殺人』を聴いていたのに、そのことも話せなかった。せっかくお祝いしてくれているのに、僕は恥ずかしくて、彼ら兄弟と親交を深めるどころではなかった。

すごく残念だったといまでも忘れずに、この日のことを思い出すことがある。

その翌年一九八三年には、小池玉緒さんの楽曲を幸宏さんに頼まれた。作曲のクレジットにはY.M.O.とある。NHKに向かう公園通りの坂の終わり近く、東武ホテルにあったコーヒーハウスでふたりで打ち合わせをした。このときも僕は〝含羞のひと〟だった気がするなあ。そろそろ打ち解けてくれてもいいんじゃないの、と幸宏さんの声が聞こえるようだ。

そのときの作品は「鏡の中の十月」というタイトルで発売された。また、門あさ美さんの高橋幸宏プロデュースのアルバム『La Fleur Bleue』(一九八八年発売)には、別の歌詞にした「退屈と二つの月」というバージョンが収録されている。

それから次の年の一九八四年に発売された、安田成美さんのアルバムを頼まれた。収録曲の半分が幸宏さん作曲で、半分が松本隆さん作詞の細野さんの曲だった。幸宏さんがプロデュースする五曲はすべて僕が書くことになった。

打ち合わせをしたのは、表参道のヨックモックだった気がする。このときも僕たちの他にはスタッフもいなくて、ふたりでデモテープを聴きながら一時間くらいは話したのだと思うけれど、何を話したのか悲しいことにまるで記憶がない。

かっこいい男の人の前では緊張する傾向があったことは確かだけど、五、六回は顔を突き合わせて話しているのだから、どうして親密になれなかったのか、つまらない男だなあと自分のことを思う。それだけならまだいいけれど、子供じゃあるまいし、相手に失礼じゃないかと自分の息子だったら怒鳴りつけるところだ。

こうして改めて幸宏さんとの交流を振り返ってみると、作詞家としてよほど気に入ってくれていたことを感じる。

そんな僕のことを、幸宏さんは冷静に観察していたのだろうなと思う。

幸宏さんのドラムについて書くのを忘れていたけれど、初めてこいつは誰だ⁉と思ったのは、南佳孝さんの「憧れのラジオ・ガール」だった。矢鱈にかっこいい。とりわけスネアの音がセンスを感じさせた。あの洋服とおんなじだと思った。フィルもオシャレだった。それまでは、プレイヤーのクレジットを一度も見たことがなかった。一九八〇年、ちょうど作詞を始めた頃のことだ。それからは、彼のドラムを聴き分けることができるようにだんだんなっていった。音が違うことがすぐにわかった。他の人には出せない個性的な音とグルーヴがあった。

「LA VIE」を一緒に創刊したアート・ディレクターが矢沢永吉さんのファンで、Y.M.O.の周辺の人たちが矢沢さんをどのように評価しているのか、聞きたくなったみたいだった。ロックが、オシャレなテクノの対局に位置してるように見えたからだろう。それで、幸宏さんに聞いたことがあった。「矢沢永吉さんを、どう思いますか、どんな音楽家なんですか」って。ドキドキしながら答えを待っていると、「あんなすごい人はいないよ」と幸宏さんは言った。「あの人とやるとね、ガンガン乗せられちゃって、いつも以上のプレイができるんだ。ともかくすごいよ」

それとは、別の機会に矢沢永吉さんの「時間よ止まれ」に高橋幸宏さんと坂本龍一さんがクレジットされていることに気づいて、音量をあげヘッドフォンで聴いた。懐かしい幸宏さんの外国のプレイヤーみたいな音のドラムが聴こえた。そして、キーボードが数種類の音色で、ここしかないところで、これしかないという黄金のフレーズを弾いている。それは、一九七八年に僕が初めて買った日本語のドーナツ盤だった。


坂本龍一さんとの出会いは、本書に詳しく書いてある。

坂本さんとの仕事は、幸せなことに、曲が先にできていてそこに歌詞を当てはめていく、いわゆる曲先というやり方がすべてだった。何が幸せかというと、曲には、どんな作曲家であっても、その人の無意識がすべて映って、それにじっくりと耳を傾けることができるからだ。当然、仕事だから何十回と聴くことになる、音楽が自分の身体にすっかり染みつくまで。

この数ヶ月、インタヴュー集を出すことになり、長時間のインタヴューを受け、坂本さんとの記憶の曖昧《あいまい》なところをただそうと、当時のマネージャーの塚田厚子さんにメールをして訊いた。

記憶が食い違っているところもあれば、時系列的に間違っているとしか思えない部分もあった。ただ、いくつか興味深いことも書いてあった。そのひとつが打ち合わせのミーティングのことだ。通常ミーティングは必ず行われる、たとえそれが儀式的なものだったとしても。これは非合理的にも見えるけれど、それはそれでゆかしい音楽業界の伝統のようでもあり、僕は嫌いではない。

塚田さんは、「打ち合わせは、どうしますか?」と僕に尋ねたという。訊かれた僕は、

「坂本さんとはあまり話してないけど、詞を書いているときに、多くを語り合っている」と答えたそうだ。「このフレーズは違う、このフレーズは正しい、ということがよくわかるんだ。会わなくてもいいよ」

塚田マネージャーは、それが「美貌の青空」を書くときの打ち合わせだったと記憶していた。多分、それは中谷美紀さんのアルバムのときではなかったかと、僕は思っている。

「美貌の青空」のときは、徹夜しただけでは詞が書き終わらず、昼過ぎまで書き続けていたそうだ。

「真の芸術家は、その作品の中にいて、雄弁なのだと思います」と、彼女のメールは終わっていた。

作曲家の無意識がメロディには映り込んでいると書いたが、坂本龍一さんと仕事を

して、作詞家の大切な仕事のひとつが、作曲家の無意識が雄弁に語る、つまり魂の言葉を聴きとることと知った。

僕が自分の代表作と思う作品は、「美貌の青空」はじめ、坂本さん作曲の中谷美紀さんの一連の作品だ。それを書かせてくれたのは、音楽の中に潜んでいる坂本龍一という芸術家だ。

その作品があるかぎり、人は何度でも高橋幸宏さんとも、坂本龍一さんとも語り合えるのだ。

最後になりましたが、解説を書いてくださった、いちばん好きな小説家の山田詠美さん、解題を書いてくださった速水健朗さん、そして、河出書房新社の伊藤靖さんに感謝いたします。

二〇二三年六月

売野雅勇

解題　サマー・ヒッツ・オブ・売野雅勇

速水健朗

作詞家デビュー三五周年となる二〇一六年に刊行された本書は、多くのヒットを生み出す裏方としての作詞家売野雅勇が自らの仕事について振り返るものであり、同時に当時の文化状況についても深く触れられている。そして主な舞台は、一九八〇年代である。一九五一年生まれの売野の三〇代と一九八〇年代がほぼ重なっている。

一九八〇年代が始まった時点の売野雅勇は広告代理店でシャネルズの宣伝を担当するコピーライターであり、同時に自らファッション誌「ＬＡ　ＶＩＥ」を創刊し、自ら取材に駆け回る編集者でもあった。

その後、作詞家として一九八一年にデビューした売野は、井上大輔、芹澤廣明、筒美京平、鈴木キサブロー、林哲司ら作曲家とのコンビでヒットを生み出していく。本書は、そのヒット曲の生まれる経緯についても触れられている。だが一方、編集者時代の〝売野〟が、高橋幸宏、三宅一生、鮎川誠、佐野元春といった人々に取材し、交流する様子も描かれる。作詞家売野、そして編集者・コピーライターの売野、その両方の視点をとおし、広い視野による八〇年代の街や人が描かれているのだ。

売野は黄色のワーゲンビートル（途中でアイヴォリーとブルーグレーのツートンのメルセデスのクーペに変わる）を自ら運転し、東京を駆け回っていた。その姿は、愛車のオールズモビルでロサンゼルス中を移動する探偵のフィリップ・マーロウを彷彿《ほうふつ》させるところがある。

大瀧詠一と売野雅勇の出会いも、〝コラムニスト〟と編集者として始まっているという。売野は、原稿依頼のために福生の大瀧の自宅をビートルに乗って訪ねて、大瀧は「LA VIE」にエッセイを書いた。題名は「夏の日の桃太郎」。「果たして、夏の日の桃太郎は、誰でしょう?」の一行で終わるという（のちに大瀧が書籍化したものとは、バージョンが違ったのだろう）。内容は、日本には、夏のヒット曲が足りておらず、それはいつか突然、桃太郎のように現れるという予言的なもの。一九七九年の話だ。

もちろん、この時点でも日本には多くのサマーヒットがあった。六〇年代には、ザ・ピーナッツ「恋のバカンス」、加山雄三「お嫁においで」、ザ・ワイルドワンズ「想い出の渚」、ザ・スパイダース「サマー・ガール」、ザ・タイガース『シーサイド・バウンド』など。七〇年代には南沙織「17才」、平山三紀「真夏の出来事」などがある。

だが、大瀧の指摘はそれでも足りていないということだろう。そもそも日本人全体がレジャーとしての夏を楽しむようになったのも古いことではない。太陽族の時代、避暑地の別荘もヨットも富裕層のもの。庶民にまでバカンスが行き届くには、ある程度の消費社会の成熟を待たなければならない。大瀧はそれを指摘しているのだろう。

その国のバカンス文化の成熟とサマーヒットは密接な関係に置かれている。

大瀧は夏のバカンスをテーマにしたアルバム『A LONG VACATION』(一九八一年)を生み出し、「夏の日の桃太郎」の予言を自ら実行した。その中の「君は天然色」(作詞は松本隆)は、八〇年代を代表するサマーヒット。大瀧の予言を引き出したのが、編集者時代の売野であったことは重要な意味を持っていただろう。

大瀧の杞憂《きゆう》とは裏腹に、一九八〇年代は、サマーヒットの全盛時代となる。その時代の端緒である一九八一年に売野雅勇は、作詞家としてデビューした。そして売野自身が、多くのサマーヒットの生みの親となる。

ラッツ&スター「め組のひと」、稲垣潤一「夏のクラクション」「思い出のビーチクラブ」「セブンティ・カラーズ・ガール」。吉川晃司「サヨナラは八月のララバイ」、河合奈保子「エスカレーション」、荻野目洋子「湾岸太陽族」、杉山清貴「最後のHoly Night」、1986オメガトライブ「Super Chance」、カルロス・トシキ&オメガトライブ「アクアマリンのままでいて」。

なぜ一九八〇年代にこれだけのサマーヒットが生まれたのか。サザンオールスターズの「勝手にシンドバッド」(一九七八年)、山下達郎「RIDE ON TIME」(一九八〇年)、松任谷由実の「サーフ天国、スキー天国」(一九八〇年)辺りが、その先鞭を着けた。だが、これらに先駆けて『NIAGARA TRIANGLE Vol.1』(一九七六年、大滝詠一、山下達郎、伊藤銀次)が導火線の役割を果たしていたともいえるだろう。

歌謡曲の八〇年代のサマーソングを並べると売野の同時代のライバル作詞家たちの像も浮かんでくる。郷ひろみ「セクシー・ユー(モンロー・ウォーク)」(作詞:来生えつこ、作曲:南佳孝)、松田聖子「青い珊瑚礁」(作詞:三浦徳子、作曲:小田裕一郎)、早見優「夏色のナンシー」(作詞:三浦徳子、作曲:筒美京平)、小泉今日子「渚のはいから人魚」(作詞:康珍化、作曲:馬飼野康二)、杉山清貴とオメガトライブ「ふたりの夏物語」(作詞:康珍化、作曲:林哲司)。

企業の広告キャンペーンも一九八〇年代の夏の構成要素のひとつだ。資生堂(「め組のひと」)、カネボウ(「セブンティ・カラーズ・ガール」)、富士フイルム(カセットテープ「夏のクラクション」)、フィルム「Super Chance」)、JAL(「最後の Holy Night」)、カナダドライ(「思い出のビーチクラブ」)。夏のヒットの影には、夏を捉えようとしたキャンペーンが数々存在したことも欠かせない。特に化粧品会社は、毎年季節ごとにキャンペーンが企画されたが、それは九〇年代のどこかで消えた文化である。

もちろん、企業が夏をイメージしたキャンペーンに予算をつぎ込んだところで、狙い通りにヒットが生まれるとは限らない。〝桃〟は突然、流れ着く。作詞、作曲、編曲、そして歌手の存在。これらの結晶としてヒット＝〝桃〟は生まれる。広告のタイアップ、メディア展開は、それを川下に運ぶ河の役割を果たした。どんぶらこ。一九八〇年代の文化は、音楽と広告が合流する水域で生まれていた。そこにラジオや雑誌、テレビなどのメディアが加わる。本書の売野の視点は、これらを横断しているものでもあるのだ。

ちなみに売野雅勇作詞、大瀧詠一作曲のコンビの楽曲は存在しないところにこの話の妙味がある。ただ、仕事上の接点はある。大瀧がプロデュースを手がけたラッツ&スターのアルバム『SOUL VACATION』に売野が作詞（作曲：井上大輔）で参加した。サマーソングには、浮かれた高揚感と醒《さ》めたあとの余韻の両方が必要である。売野の「め組のひと」は、歌詞のどこを引用してもその高揚感が伝わってくるサマーヒットだ。

妖しいSweet Baby
め組のひとだね
お前のニュースで　ビーチは突然　パニック

Baby, baby, be my girl
夢中なのさ be my girl
（ラッツ&スター「め組のひと」／作詞：麻生麗二、作曲：井上大輔、編曲：井上大輔）

噂、流し目、事件。リゾートで起きていることは、どれもスキャンダラスだ。もう一曲もし完璧なサマーソングって何？ 聞かれたらこの曲を挙げる。

夜通し　騒いだ避暑地の夢が
醒めれば　哀しい大人になってた
夏のボートで　君が僕を呼ぶ
（稲垣潤一「思い出のビーチクラブ」／作詞：売野雅勇、作曲：林哲司、編曲：船山基紀）

リゾート、避暑地、渚、ビーチクラブ。浮かれるためにある場所。だがいつしかそのシーズンは終わり、夢から醒める日がくる。誰しも気がつけば大人になっている。サマーヒットには成熟が必要なのだ。

最後に、僕が初めて売野雅勇に会ったときのエピソードを記す。この「思い出のビーチクラブ」にまつわるものだ。「ビーチクラブ」なるものを知らなかった僕は、この歌のモデルになった場所があるのか聞いた。売野は躊躇《ちゅうちょ》なく返答を返してきた。「油壺だよ」。閉鎖されたビーチクラブ、水のないプール、これは実在したものだったのだ。この話を聞いたあとの夏に僕は油壺を訪れた（黄色い国産小型車に乗って）。それから何度も出かけている。いわゆる聖地巡礼である。油壺は、いつも青空で迎えてくれる。一度も裏切られたことはないサマーヒットの舞台である。

（はやみず・けんろう／ライター、編集）

解説　虹を踏む世界

山田詠美

　再婚して、現在の夫と暮らし始めてから、私の趣味嗜好はいっきに多様化したのだったが、そこにひとつ加わったのが「矢沢永吉」というカテゴリーなのである。のっけから何を？　と思われるかもしれないが、親元を離れた十代の終わりから、TVを持たなかったせいもあり、日本の音楽に関しては無知も同然になってしまった私。聴くのは、ブラックミュージック一辺倒。付き合ったのも結婚したのもアフリカ系アメリカ人の男だった。

　しかし、時は流れ、離婚し、次に私が出会って結婚した日本人の男は、大の矢沢ファンだった、という訳。夫の友人夫妻が苦労して取ってくれた毎年の武道館コンサートのチケットを手に、あの熱狂の渦に飛び込むべく足を運ぶようになったのである。

　コンサートの後は興奮も覚めやらぬまま、私たちと夫の友人夫婦で、お酒を飲みながら食事をして、語り合うのが常だった。

初心者（?）の私は、皆の矢沢フリークとも言える熱い賛美に耳を傾けるだけだったのだが、ある時、ひどく感動して彼らに伝えた。

「ねえねえ、今夜のステージで、ものすごくクールな歌詞に出会ったよ。しびれたね」

へえ？　と言って、どんな歌？　と夫が尋ねた。私は、忘れられないフレーズを口にした。

「ナイフより唇で、魂までえぐり取れ、っていうの」

「あ、それは、『FLESH AND BLOOD』だね。『情事』っていうCDに入ってる。うちにあるから、帰ったら出してあげる」

夫が即座に教えてくれた。

「誰が書いた詞なのかな？」

売野雅勇さんだっけ？　そうそう、と、夫と友人。それを聞いて、私は軽いショックを受けて思ったのだった。

（あー、また売野さんかあ……）

この「また」とは、どういうことか。

私が日本の音楽に関して無知同然であったのは先に書いたが、にもかかわらず、小説家デビューを果たして調子に乗っていた私は、ついついアイドルの作詞を引き受けてしまったのだった。一九八六年。当時の芸能界などまるで知らない私が無謀にも歌謡曲の詞を書くなんて。それも、あの、私ですら知っているスター、近藤真彦さんのために。

どういう企画だったのかは忘れたが、その「名場面」というタイトルのアルバムには、何人かの小説家も詞を提供していて、私もそのひとりだった。やがて知り合いになる小説家、山川健一さんや川西蘭ちゃんも書いていた。そして、こう言っちゃ何だが、三人共、その小説のようにはおもしろくなかった。特に、私。

一所懸命には取り組んだのである。でも、どうしても上手く書けなかった。何故だろう、と考えて、解った。デビューしたばかりとは言え、完全に「小説家脳」になっていた私。言葉に意味を持たせ過ぎるのである。自分の言葉で世界を限定したいという欲望に囚《とら》われ過ぎているというか。詞とメロディが溶け合い一体化したものを歌手が歌い、それが聴き手の耳に届いた時に完結するのが「歌」である筈なのに、私の詞は、でしゃばり過ぎている！

もっと力を抜かなくては、と思ったが上手《うま》く行かず、私には、これが精一杯だなと感じた段階で提出し、どうにかＯＫが出た。

やがてアルバムは完成し、私の元に届けられた。レコードに針を落として聴きながら、歌詞カードを目で追った。まあ、こんなものか、初めてにしちゃ悪くないって会社の人もいってくれたしな、と私の次の曲を待って歌詞を読んだ。

そして、びっくりしたのである。そこには、全然「意味」がなかったのだ。思わせぶりな演出も、深みのあるニュアンスもない。それなのに、御機嫌で、セクシーで、感傷的な空気に満ちているのである。曲が流れているわずかなひとときを奪って行く。魅力的フレイヴァにあふれた時間泥棒。

ああ、こういうことなのか。私は、即座に詞を書く時の力の抜き方の重要性を悟ったのだった。それは、手を抜くこととは全然違う。そして、そのやり方は、私の不得手とするものだというのも解った。同じ水の中の競技でも、平泳ぎとクロールの呼吸法が違うようなものか。

私に、そう思わせた作詞家が、売野雅勇さんだったのである。この時のことを人に話す時、私は、いつも、こう嘆いてみせた。私には、あんな意味を込めない言葉なんて書けないよ！

すると、聞いた人は、にやにや笑いながら、尋ねる。それ、誉めてるの？　当たり前だよ！　と私は強く言い返したものだ。最上級の誉め言葉だよ!!　と。

さて、話は、矢沢永吉に戻るが、あのコンサートの後で夫に教えてもらった「FLESH AND BLOOD」は、あの後、聴くたびに、その詞が私の魂までえぐり取り（真似してみた、笑）、純文学雑誌の「極私的、詩と詞の言葉のベスト3」に選ばせてもらった（ちなみに後の二つは、近田春夫さんによるサンタクララの詞と、田村隆一御大の詩）。

初めての作詞体験から三十七年。物書きとして、すっかりすれっからしになってしまった私だが、今回、再び「砂の果実」を読み、そして、この文章をしたためつつ、改めて溜息《ためいき》をつき、ひれ伏してしまう。八十年代の歌謡曲黄金期、時代のグルーヴを巻き起こす圧倒的な存在だったんだなあ、売野さんは、と。

本文中、川上弘美さんとの初対面で、芥川賞受賞作「蛇を踏む」を、売野さんが「虹を踏む」と間違えて、彼女を笑わせる。私は、調子良い御人だ、と呆《あき》れると同時に、「ほらね」と意味もなく自慢したくなった。「蛇」と「虹」の一字をうっかり（？）替えるだけで、あたりが売野ワールドに変身するではないか。彼は、蛇より虹を踏むのが相応《ふさわ》しい。

（やまだ・えいみ／作家）

本書は二〇一六年九月、朝日新聞出版より刊行されました。

砂《すな》の果実《かじつ》

80年代《ねんだい》歌謡曲《かようきょく》黄金《おうごん》時代《じだい》疾走《しっそう》の日々《ひび》

二〇二三年 七 月一〇日　初版印刷
二〇二三年 七 月二〇日　初版発行

著　者　売野《うりの》雅勇《まさお》
編集協力　速水健朗
目次・扉デザイン　坂野公一（welle design）
発行者　小野寺優
発行所　株式会社河出書房新社
〒一五一－〇〇五一
東京都渋谷区千駄ヶ谷二－三二－二
電話〇三－三四〇四－八六一一（編集）
〇三－三四〇四－一二〇一（営業）
https://www.kawade.co.jp/

ロゴ・表紙デザイン　粟津潔
本文フォーマット　佐々木暁
本文組版　KAWADE DTP WORKS
印刷・製本　中央精版印刷株式会社

Printed in Japan　ISBN978-4-309-41976-3

『FMステーション』とエアチェックの80年代

恩藏茂　41838-4

FM雑誌片手にエアチェック、カセットをドレスアップし、読者欄に投稿——あの時代を愛する全ての音楽ファンに捧ぐ！　元『FMステーション』編集長が表も裏も語り尽くす、80年代FM雑誌青春記！

ヒップホップ・ドリーム

漢 a.k.a. GAMI　41695-3

マイク１本で頂点を競うヒップホップの精神とそれを裏切るシーンの陰惨なる現実。日本語ラップを牽引するラッパーが描く自伝的「ヒップホップ哲学」に増補を加え、待望の文庫化！

ユングのサウンドトラック

菊地成孔　41403-4

気鋭のジャズ・ミュージシャンによる映画と映画音楽批評集。すべての松本人志映画作品の批評を試みるほか、町山智浩氏との論争の発端となった「セッション」評までを収録したディレクターズカット決定版！

服は何故音楽を必要とするのか？

菊地成孔　41192-7

パリ、ミラノ、トウキョウのファッション・ショーを、各メゾンのショーで流れる音楽＝「ウォーキング・ミュージック」の観点から構造分析する、まったく新しいファッション批評。文庫化に際し増補。

M／D 上　マイルス・デューイ・デイヴィスIII世研究

菊地成孔／大谷能生　41096-8

『憂鬱と官能』のコンビがジャズの帝王＝マイルス・デイヴィスに挑む！　東京大学における伝説の講義、ついに文庫化。上巻は誕生からエレクトリック期前夜まで。文庫オリジナル座談会には中山康樹氏も参戦！

M／D 下　マイルス・デューイ・デイヴィスIII世研究

菊地成孔／大谷能生　41106-4

最盛期マイルス・デイヴィスの活動から沈黙の六年、そして晩年まで——『憂鬱と官能』コンビによる東京大学講義はいよいよ熱気を帯びる。没後二十年を迎えるジャズ界最大の人物に迫る名著。